나무는
내 작은 세상 안에
그리고 나는 그 안에

나무는 내 작은 세상 안에 그리고 나는 그 안에

1판 1쇄 인쇄/ 2012년 3월 20일
1판 1쇄 발행/ 2012년 3일 24일

지은이 / 은 옥 진
펴낸이 / 서 정 환
펴낸곳 / 수필과비평사

등록 / 1984년 8월 17일 제28호
주소 / 서울시 종로구 익선동 30-6
운현신화타워 빌딩 2층 208호
전화 / (02) 3675-5633 , (063) 275-4000
팩스 / (063) 274-3131
E-mail / essay321@hanmail.net

값 15,000원

ISBN 978-89-5925-995-3 03810

나무는
내 작은 세상 안에
그리고 나는 그 안에

| 은옥진 에세이 |

수필과비평사

나무에게 바친다

이 한 권의 책은 순전히 나를 위해 묶었다. 오늘까지 열심히 살아 온 내게 주는 선물이다.

『나무는 내 작은 세상 안에 그리고 나는 그 안에』 제1부는 역사적인 증언을 들려주는 다양한 소재의 나무이야기다. 2부는 문학으로 형상화된 내 마음속의 나무이야기, 3부는 나무의 입장에서 역지사지하는 심정을, 그리고 4부는 나무와 꽃, 5부는 우리 집과 나무, 이 나무들의 면모를 구체화한 삽화를 곁들여 이미지화 했다.

엊그제, 봄 비 내리는 날이었다. 나무들을 무연히 바라봤다. 움이 트고 있었다. 갓 올라오는 연둣빛 새순을 보면서 '나무'를 찾아 먼 곳을 마다않고 다녔던 일이 떠올랐다. 꼭 이맘때였다. 나무를 바라보는 눈뜸의 계기가 된 것은 1998년 3월, 문예지 『수필과 비평』에 연작수필 '나무'를 연재하면서부터였다.

나무에 대해 아는 것이 그리 많지 않은 나였지만 그런 유의 염려는 버리기로 했다. 식물학적이고 생태학적인 측면이 아닌, 나무와 교감함으로써 생명에 대한 공경심이 생기고, 우리 삶의 현장에 있으면서 역사적 아픔을 같이하는 동시대의 관찰자로서만 나무들의 이야기에 귀 기울여 보고 싶었다. 그런저런 나무들만이 지닌 이야기, 우리가 놓치고 있는 것, 침묵하고 있는 사연들을 나무에게서 직접 들어보기로 한 것이다.

제주 4 · 3 사건을 서사화한 '폭나무의 세월' 은 제주출신 강요배의 '4 · 3역사화전' 에서 봤던 '팽나무와 까마귀' 라는 그림에서 연유한 태생이다. 그림의 모델이 된 '나무' 를 수소문하고, 4 · 3사건에 대한 고증을 듣기위해 황폐해질 대로 황폐해진 옛날의 그 마을을 찾아다녔다. 끝내 제주의 풍광과 삶이라는 피사체를 화두로 한, 1998년에 쓴 짧은 글을

2009년 원고지 40매가 넘는 긴 글로 다시 썼다. 천주교 순교성지인 해미읍성의 '여숫골 호야나무'와 '양화진 선교사 묘지공원의 느티나무', 우리 민족의 수난을 지켜본 서대문형무소의 '통곡의 미루나무' 외 십여 편은 역사의 족적만큼이나 험난함을 겪었던 나무를 찾아서 나름대로의 심혈을 기울인 심상들이다.

홍릉수목원에 반송盤松을 심은 일본인 아사가와 다쿠미. 100여 년 전 그의 삶을 추적하느라 꼬박 4년이 걸렸고, 네팔 여행 중에 들었던 전설 한 토막이 화두로 남아, 네팔인들이 거주하는 부천을 여러 차례 방문했다. 그곳에서 수십 명 네팔인을 만나보고 나서야 '네팔의 나무 짝짓기'에 대한 가닥풀이를 하기까지 꼬박 3년여 걸렸다.

아직껏 안타까움으로 남아있는 나무가 어찌 없을까만 유독 내 고향 전주의 270년 된 천연기념물 곰솔. 누군가가 드릴로 나무 밑동에 구멍을 뚫고 독성물질을 투입해, 다 말라죽어가는 16개 가지에서 겨우 4가장이가 생기를 회복하고 있는 모습에서 느낀 안쓰러운 소회가 두고두고 가슴 아팠다. '고로쇠나무' 군락지를 찾아 전남 광양 백운산을 오르다가, 장대비가 쏟아져 미끄러지고 뒹굴며 내려오던 날의 저 아슬아슬함. 충청도 해미에서 폭설로 버스가 끊겨 5시간여를 한데서 떨어야했던 일 등등.

저마다 내밀한 사연을 담은 50여 그루의 나무들이 나의 더딘 발품을 다 팔게 했고, 저간의 이야기들을 실실이 풀어놓았다. 나는 다만 받아썼을 뿐이다.

이젠 나무가 있는 현장을 찾아 가지는 못한다. 땀 흘려 걸음을 옮겨갈 수는 없어도 우리 집 창밖으로 바라다 뵈는 야트막한 앞산에 늘 마음이 머문다. 우람한 나무는 아니어도 수백수천 그루의 수목이 서 있는 정경과, 머지않아 뻐꾸기와 꾀꼬리가 날아와 둥지를 틀 뒤란 솔숲이 그나마 나무와 나를 엮어주고 있다.

헤르만헷세의 '나무는 내 작은 세상 안에 자리를 잡고 나는 그 안에 속해 있었다.' 라는 글을 생각하면서 헬 수 없는 나무들 중에서 나하고 은밀하게 이야기를 나누고 교감한 '세상에 단 한 그루' 밖에 없는 나의 '나무' 들에 거듭 나의 외경심을 바친다.

글을 쓰는 사람의 것이 아니라 읽는 사람의 전적인 소유다. 역사 현장에 있는 '나무' 이야기가 나를 대신해서 상처와 아픔이 있는 사람들을 따뜻하게 보듬어 줄 수 있다면 보람이려니, 필력이 부족한 나에게 4년 동안이나 귀한 지면을 맡겨준 『수필과 비평』지에도 재삼 감사드린다.

2012. 3. 은옥진

차례

1 통곡의 미루나무

2 못다한 이야기

3 산당화에 저녁노을

4 한 그루 나무이고 싶다

5 꿈의 나이테

1

통곡의 미루나무

향나무가 한 말

서초동 마루턱에 서 있는 향나무입니다.

나이는 800살.

품격은 서울시 보호수保護樹 1-27.

이것이 나의 호적입니다.

물론 처음부터 길 한복판에 혼자 서 있었던 것은 아닙니다. 예전에는 크고 작은 나무들이 이웃하며 울창한 숲을 이루고 있었습니다. 소나무, 상수리나무. 떡갈나무들로 잘 어우러진 동산이었습니다.

봄이면 개나리 진달래가 피어나고, 다복솔 너머 비탈에는 배밭이 넓어서 달 밝은 밤이면 배꽃이 사뭇 새하얗습니다. 해가 기울어 서녘 하늘이 물들 때면 새들이 깃을 찾아 날아들었습니다. 때맞추어 휘파

람새가 찾아와 고운 목청을 굴리는가 하면 해님보다 일찍 일어난 까치가 등너머 저편 마을에서 있었던 경사慶事를 알려 오기도 했습니다.

뙤약볕 내리쬐는 여름이 오면, 큰키나무들이 무성한 잎을 포개어 떨기나무에게 시원한 그늘을 만들어 주었습니다. 바람은 먼 곳의 소식을 전해 주었고, 소나기는 하늘에서 만났던 구름 꽃의 장관을 일러 주었습니다.

서늘바람이 일 무렵이면 누렇게 익은 배를 찾아오는 사람들의 발길이 잦았습니다. 푸른 하늘이 드높아지고 풀벌레 노래가 시작되면 다람쥐들이 바쁘게 돌아쳤고, 세찬 바람 불어와 잎진 나무들이 휘청일 때면 늘푸른 나무들이 바람막이를 해주곤 하지요.

어느 날, 산자락에 서 있는 미루나무가 호들갑스럽게 외쳤습니다.

"길을 넓히고 꽃마을 단지가 들어선대요."

그 얘기는 바람에 실려 멀리멀리 퍼졌습니다. 전나무, 잣나무들까지도 덩달아 좋아했습니다. 혼자만 키가 커서 먼 곳을 바라볼 수 있는 나, 향나무를 몹시 부러워했었는데 이제는 저희들도 자동차 구경을 할 수 있게 됐다면서 마냥 좋아라고 했습니다.

이듬해 봄 땅이 파헤쳐지면서 나무들이 죄다 뽑혀나갔습니다. 길이 휑하게 뚫리고, 아스팔트 포장길 한가운데에 나만 덩그렇게 남겨졌습니다. 둘레가 깎여서 마치 단壇 위에 올라선 것처럼 되었습니다.

차량들이 밀어닥치기 시작했습니다. 어리둥절했던 것도 잠시고, 여느 나무들보다 빼어나서 한곳에 서 있음이 자랑스러웠는데 헛된 것임을 깨닫게 되었습니다. 요즘은 하루 수백 수천 대의 차가 내 겨드랑

밑으로 지나칩니다. 그들이 뿜어대는 매연에 이파리들이 부옇게 생기를 잃을 수밖에 없습니다. 기운을 잃은 내 모습이 딱해 보였던지 어느 날은 병원에 있는 중환자들처럼 링거 병을 주렁주렁 가지에 매달고 수액을 맞기도 했습니다.

비바람에도 끄떡 없이 버티던 팔뚝 크기의 큰 가지들, 눈을 무겁게 이고도 무거운 줄도 몰랐던 손마디 잔가지들. 그것들도 지금 맥없이 쳐지고 검게 그을린 살갗 줄기와 더불어 어제 날의 모습이 아닙니다. 근처에 건물이 들어서기 전만해도 내 모습은 시골 어느 동네에 있는 정자나무보다 더 우람했습니다. 이파리들조차 서서히 머리카락 빠지듯 설피어 지더니 날이 갈수록 왜소해지니 무슨 까닭일까요. 밤에는 차량들의 불빛에 쫓겨 하늘의 별들마저 하나 둘 숨어 버립니다. 이제는 비가 오지 않는 날에도 별을 볼 수가 없습니다. 혼자 서 있는 날이 많아지면서 차츰 어디론지 뽑혀간 지난날의 이웃들이 자꾸 보고 싶어집니다.

작년에 이런 일이 있었습니다. 나는 서울시 지정 보호수여서 나를 돌보아주는 김씨가 자주 다녀갑니다. 내 굵다란 줄기는 구세가 먹어서 깊게 파여 있었어요. 김씨는 검으틱틱한 시멘트 같이 생겼는데 우레탄이라나요 그것을 버무려서 내 몸통에 다져넣고 철사로 칭칭 동여맸습니다. 바람에 꺾일까 걱정되어 하는 일이겠지만 좀 갑갑해야 말이지요. 숨이라도 시원스레 쉴 수 있으면 좋으련만. 그날 내 밑동 둘레에서 자라고 있던 철쭉들이 묶여 있는 나를 올려다보며 어찌나 안타까워하던지요.

며칠 전이었어요. 차가 밀려 서 있을 때, 두 사람이 밖으로 나와 내

돌단에 기대어 담배를 피우며 주고받는 말입니다.

"서울은 아황산가스가 많아져서, 어디 공기 좋은 곳으로 집을 옮겨야겠어."

"맞아. 게다가 오존 치까지 높다잖아."

그들은 차안에 공기 정화기를 달았고 가끔씩 가족을 데리고 시외로 나가서 맑은 공기를 마신다고 이야기합니다. 담배를 비벼 끄고 다시

차에 올라타 악셀을 밟았을 때 차체의 꽁무니에서는 푸른 연기가 뿜어졌습니다.

어제 김씨가 다시 왔습니다. 낯선 사람과 함께 트럭에서 길쭉한 쇠파이프를 내렸어요. 두 사람은 내게로 오더니, 한 사람은 밑으로 처진 내 팔뚝가지를 들어올리고 또 한 사람은 초록색 파이프를 그 아래로 밀어 넣어 받쳐놓았습니다. 그런 다음에 구부정한 내 허리를 억지로 펴기라도 하려는 듯 이리저리 기둥을 세워 보다가 그만 어쩌지 못한 채 돌아갔습니다. 그들이 돌아간 뒤에 옆에 있는 철쭉은 이렇게 말했어요.

"향나무 할아버지는 마치 성경에 나오는 모세 같아요. 적군과 싸울 때 두 팔을 들고 있으면 이기고, 팔을 내리면 져서, 아론과 후르가 양쪽에서 두 팔을 떠받들고 있었잖아요. 꼭 그렇게 생겼어요."

한결 편하기는 하지만, 언제까지 이러고 버틸 수 있을지는 나도 모르겠어요. 참, 어제는 모처럼 비가 왔습니다. 먼지 앉은 잎들이 말끔히 씻겨 한결 시원해졌습니다. 그때 빗줄기는 이렇게 말하더군요. 맑은 물을 내려주지 못해서 미안하다고.

이제 봄이 왔으니 꽃들이 나들이를 하겠군요. 해마다 팬지꽃이 제일 먼저 온답니다. 그 꽃도 처음 와서는 밤낮 없이 지나는 자동차 행렬과 높은 빌딩 숲에 감탄하더니, 며칠 못 가서 목이 아프다며 병이 나고 말았습니다. 작년에도 그 전해에도 그렇게 시들어, 여름이 오기 전에 이곳을 떠나버렸습니다.

오늘 아침에는 택시와 승용차가 부딪쳤습니다. 그런 사고는 늘 있는 일이어서 이야깃거리도 못됩니다. 공장이나 공사장에서 나는 진동음, 혹은 행상이 외치는 마이크 소리가 몇 데시빌이니 하지만, 나도 온종일 들려오는 경적과 소음 때문에 바람이 실어다주는 먼곳 소식을 들어내지 못합니다. 요즘 내게 바람이 있다면, 조용한 곳으로 가서 예전에 이웃하고 있었던 친구나무들과 함께 지내는 일입니다. 줄무늬 다람쥐, 솔방울의 풋풋함, 저녁과 새벽으로 지저귀던 크고 작은 새들, 그런 것들 모두가 그립습니다.

새들이 내 가지에 앉아 오물을 흘리고, 설혹 벌레들이 오르내리며 나를 간질인다 해도 나무라지 않겠어요. 혼자 잘나서 이곳에 있었음을 뽐냈는데 이제는 부끄럽게 생각합니다. 오래지않아 나는 더욱 쇠잔해지겠지요. 사람들이 쇠기둥을 몇 개씩 받치면서 버티고 있으라는데 난들 어찌하겠어요.

며칠 전 일입니다. 핸드폰을 든 남자가 내 옆에 차를 세웠어요.

"지금 차가 밀려서 꼼짝을 못해. 여기? 향나무 사거리야. 우회전해서 오라고? 그래 알았어."

그는 우측으로 차선을 바꾸면서 갔습니다. 이렇듯 나, 향나무는 자동차나 행인들의 길 안내도 하지만, 이정표 구실도 한답니다. 그러니 막상 내가 떠난다면 사람들은 얼마나 혼란스러워할까요. 서울 시장이나 어느 장관 이름은 잘 모르지만 서초동 향나무 사거리를 모르는 사람은 드문 터이니 말입니다.

오늘도 나는 교통신호 대에 올라선 교통순경처럼 이 등마루에 우뚝 서 있습니다. 초췌하지만 의젓한 모습으로. (1997)

통곡의 미루나무

서울시 서대문구 현저동 101번지. 나는 지금 허물어진 형무소 터에서 있다. 아랫녘에서는 꽃 소식이 분분한데, 때 아닌 적설로 너른 마당 전체가 흰 눈으로 덮여 있다.

1908년 일본 식민지였을 때 경성감옥으로 문을 열어 조국의 광복을 맞기까지 수많은 의병과 독립운동가 등, 애국지사들이 투옥되었고 고문과 처형이 자행되던 곳이다.

1987년 서울구치소라는 이름으로 불리다가 경기도 의왕시로 이전되었어도 80년 동안 서대문감옥, 서대문형무소, 서울형무소, 서울교도소 등 여러 번 명칭이 바뀌었지만 감옥이라는 점에서는 변함이 없었다.

그 이름의 변화만큼이나 지난 흔적들을 가늠할 수 없다. 안내책자에 실린 사진을 한참이나 들여다보다가 역사관으로 들어섰다. 역사관에는 애국지사들이 독립운동을 했다는 이유만으로 죽음에 이르도록 각목과 채찍으로, 전기고문과 물고문을 하던 당시의 현장을 재현해 놓은 여러 종류의 고문실이 있다. 좁은 문을 들어서니 수감자가 된 듯한 기분이다. 내 어찌 헤아릴 수 있을까 마는, 80여 년 전 독립운동가들은 이 좁은 문을 지나면서 어떤 마음으로 발걸음을 떼셨을까.

전신이 마비되는 고문기구의 벽관이 있고 독방을 재현해서 관람객들이 직접 들어가 체험해 볼 수 있게 한 공간도 있다. 움직일 수 없을 만큼 비좁아서 2~3일이 지나면 저절로 온몸이 마비되는 고문기구이다.

때마침 그곳을 관람하던 고등학생쯤으로 보이는 한 학생이 겁도 없이 고문기구 안으로 들어가더니 단 몇 초도 견디지 못하고 뛰쳐나온다. 온몸이 조여들어서 견딜 수가 없다고 친구들에게 이야기하고 있다.

다시 몇 걸음 지나니 '유관순굴'이 있다. 유관순 열사가 죽음을 맞은 사방 1m도 채 안 되는 독방이다. 그 굴 앞에서는 서 있기조차 가슴이 시린지 사람들은 눈길을 피하고 만다. 유관순열사의 사진만이 덩그러니 걸려 있다.

아우내 장터에서 독립만세를 부르다가 수감되어서도 아침저녁으로 만세를 불렀던 어린 소녀. 그때마다 잔혹한 고문을 당했지만 의지를 굽히지 않은 채 3·1운동 1주년인 1920년 투옥자들과 함께 옥중 시위를 벌였다. 그 뒤 이곳 지하 독방으로 격리되어, 빛이 들지 않는 캄캄한 먹방에서 고문과 영양실조로 열여섯의 한참 나이에 순국하셨다. 여성애국자들은 의자에 묶인 채 손톱 끝을 나무꼬챙이로 쑤시는 고문으로 목숨을 잃거나 불구자가 되기도 했다.

무심히 지나칠 수 없는 현장, 발걸음마저도 조심스러워서 숨을 죽인다. 이름조차도 생소한 여러 가지의 고문현장을 지나치며 나도 모르게 가슴이 죄어든다. 걸음을 세우고 다시 한 번 돌아본다. 환청인가. 그때의 신음소리가 들리는 듯하다.

어렵게 역사관을 빠져나왔다. 구름 낀 하늘을 올려다본다. 그 옛날 담장 망루의 모습과 옥사였던 건물 한 채가 눈에 들어온다. 울타리 높이 쌓아 올려진 붉은 벽돌 하나마다 애달픈 사연이 새겨져 있는 듯하다.

아픈 사연은 무심코 내디딘 발밑에도 있다. 옥사 빈터에는 보도블록 대신 땅바닥에 깨진 벽돌 조각들이 덮여 있다. 그냥 지나칠 수 없다. 수감 중에 있던 애국지사들을 강제 동원하여 구워낸 역사의 산물이기 때문이다.

벽돌 한쪽에는 일제강점시대에 '경성감옥'에서 제작된 것임을 입증하는 '京' 자가 새겨져 있다. 한 걸음 또 한 걸음 내디딜 때마다 숙연해진다. 애국지사들의 한이 서린 아픔을 나는 지금 딛고 서 있다. 나도 모르게 신고 있던 신발을 벗어들었다. 잠시 동안의 형식이지만 그래야 될 것만 같은 마음이었다.

벗은 신발을 다시 신었다. 사형장 시구문으로 향한다. 시구문 밖은 묘지였는데 이런 사실을 아는가 모르는가 지금은 아파트가 빽빽이 들어차 있다. 원래 시구문은 사형을 집행한 시신을 형무소 밖 공동묘지에 몰래 버리기 위해 뚫어 놓은 일제가 만든 비밀통로였다. 자신들이 저지른 만행을 감추기 위해 폐쇄했던 것을 1992년 서대문 독립공원으로 조성하면서 입구에서부터 40m를 복원해 놓았다.

길이라고도 할 수 없는 좁고 어두운 지하로. 그 옛날 마치 하수도관 같은 그 길을 따라 이 나라의 많은 애국지사들이 형무소 밖 공동묘지로 몰래 버려졌던 것이다.

시구문 조금 못 미쳐서 사적 324호로 지정된 사형장이 있다. 일제가 지은 목조건물이다. 전국에서 사형선고 받은 애국지사들을 이곳에 이감하여 사형을 집행했던 곳이다. 어두컴컴하고 음침한 목조건물 내부에는 사형수가 앉는 의자며, 그때에 사용했던 굵은 동아줄이 그대로 내려져 있다. 사형을 집행할 때 배석했던 사람들이 앉은 긴 의자도 그대로 보존되어 있다. 으스스한 한기에 머리카락이 꼿꼿이 서는 듯했다.

사형장 입구에 서 있는 한 그루 미루나무와 눈이 마주쳤다. 진초록의 잎이 수없이 바뀌었을 터인데도 나무둥치는 거무스레하니 앙상하다. 이승을 못다 살고 간 이들의 한이 서려서일까. 아니면 맺힌 가슴 풀지 못하고 떠난 그들이 목이 메어, 나무가 그렇게 어설프게 생겼을까. 그 모두를 지켜보았을 나무는 어찌 견디어냈을까.

미루나무 아래 세워둔 안내문에는 이렇게 적혀 있다.

통곡의 미루나무

사형장 입구 삼거리에 하늘 높이 외롭게 자라고 있는 이 미루나무는 처형장으로 들어가는 사형수들이 나무를 붙들고 통곡했다는 곳으로 유명하다. 또한 사형장의 또 한 그루의 미루나무는 사형수들의 한이 서려 잘 자라지 않는다는 일화가 전해지고 있다.

건물 구조와 그 나무 위치로 보아 모든 사형수는 그 앞을 지나게 되어 있다. 일제강점기 같으면 옥사에서 끌려나올 때 벌써 얼굴에 용수갓을 씌워 앞을 볼 수 없게 했다. 수갑을 채우고 그것도 모자라서 뒷짐결박에, 발목에는 족쇄까지 절그럭거리며 그 앞을 지나게 된다. 그뿐인가. 두 사람의 장정이 사형수 양편에 서서 수갑까지 채워진 그의 두 팔을 끼고 걸었다고 한다. 그런 와중에 어떻게 발걸음을 멈추고 통곡이라도 마음껏 할 수 있었겠는가.

끌려가면서 조금 있으면 세상을 하직한다는 것을 알아챘을 것인데, 사형장으로 걸어가면서 어떤 몸짓을 했을까. 품었던 꿈 지우고, 풀지 못할 억울함을 안고 마지막을 향해 내딛는 걸음. 그 모든 것들을 미루나무는 지켜보았을 것이다.

선열들 같으면 국운이 기울어 침략자의 손에 잡히었으니 죽는 처지를 비탄했을 것이며, 해방 후 전쟁에 휘말려 억울하게 죽어간 이들도 있었을 것이다. 아까운 죽음도 있었을 것이고 잘못된 죽음인들 어찌 없었으랴.

미루나무는 그들의 마지막 외침을 들었을 것이며, 사라지는 마지막 뒷모습도 보았을 것이다. 또 파렴치범일망정 그가 세상을 등지는 순간에 지은 몸짓이나 탄식도 기억할 테지.

가던 걸음 못 박혀 머물러 서서 어머니를 부르며 통곡했다 하니, 마지막 길에서 만난 나무는 그날 어머니의 가슴으로 함께 울었으리라. 무수한 발자국 못 박혀 서면 그때마다 어찌 다 감당했는지. 높직한 가지에 걸려 우는 바람 소리도 발걸음을 쉽게는 재촉하지 못했으리라.

역사의 족적만큼이나 험난함을 겪은 나무. 통곡의 미루나무 둥치에 손을 얹으니 처절한 몸 떨림이 전해져 온다. 그때의 통곡이, 선열들의 함성이 들리는 것만 같다. 결코 감옥에 가둘 수 없었던 우리 민족의 외침 "대한 독립 만세!" (2001)

여숫골 호야 나무

이른 아침 장항선 기차를 탔다. 홍성 역에서 내려 해미로 가는 버스를 타려고 했더니 눈이 많이 쌓여 못 다닌다고 한다. 어렵게 떠나온 걸음 돌아설 수 없어 발만 구르고 있었다. 다행스럽게도 정오를 지나자 햇살이 퍼지면서 버스가 움직이기 시작했다.

예전 모습 그대로라는 읍성 남문에 다다르니 가슴이 뛴다. 사연 깊은 곳에 서 있어서인가, 그보다는 보고 싶은 나무를 만날 수 있어서일 게다. 눈이 덮혀서일까, 읍성 안쪽은 너른 들녘 같다. 건물이나 큰 나무들이 없어서인지, 저만큼 서 있는 나무 한 그루가 이내 눈에 들어온다. 곁가지들은 잘려 나가고 구새 먹은 둥치만 흰 눈을 이고 있어 얼핏 보기에 고사목 같다. 나무 옆에 세워진 알림판에는 이렇게 씌어 있다.

호야나무

옥 입구에 서 있던 300년 된 나무다.

이 나무의 가지에 천주교 신자들의 머리채를 매달아 고문했다.

그 흔적으로 철사 줄이 박혀 있다.

이야기는 200여 년 전으로 거슬러 올라간다. 지금은 천주교 성지가 된 이곳 해미읍성은 '해뫼' 라 불렸으며 조선 초기에는 병마절도사 치소를 두었던 곳이다. 무반인 영장은 지역을 다스린다는 명분으로 천주교 신자들과 무고한 백성들을 마구잡이로 문책하며 수탈 참살했다. 1790년대부터 1880년대에 이르는 100년간에 걸친 신유, 기해, 병인 박해 때는 하루에 수십 명씩 처형했고, 생매장시킨 사람도 수천 명에 달한다고 한다.

읍성 서문 밖에는 신자들이 형장으로 끌려가던 길이 있다. 그곳 돌다리 위에서는 '자리개질' 이라는 참혹한 방법으로 사람을 메어쳐 죽였다. 사람 수가 여럿일 때는 나란히 눕혀 놓고 돌기둥을 떨어뜨려 한꺼번에 죽이기도 했다 하니 당시의 정황이 눈에 보이는 듯하다. 팔이 묶인 채 끌려오던 신자들을 거꾸로 둠벙 속에 처넣어 죽게도 했다. 그 '자리개돌' 과 '진둠벙' 이 지금도 그대로 남아 있어 보는 이의 가슴을 메이게 한다.

생매장되었던 주검은 해미천에 버려져 홍수로 유실되었고, 그들이 쓰던 묵주나 유물들을 어느 신부가 찾아내어 다른 곳으로 옮겼다가 얼마 전 여숫골에 안장했다. 바로 그곳에 순교탑이 세워졌다.

그들이 부르짖던 뜨거운 외침이 아직도 서녘 들판을 가로지르는가. 바람결에 그 원성이 들리는 것만 같다. 지금 설움으로 묻혔을 그 자리를 밟고 서 있음이 오히려 송구스럽기만 하여 발길을 호야나무 옆으로 옮긴다.

나무가 있는 그 자리는 옛날 감옥 터다. 원래는 두 채의 건물이 있었다. 그 옥에는 많은 신자들이 갇혀 질병과 배고픔으로 죽어나갔다. 그들을 끌어내어 매달고 고문했다는 호야나무는 한겨울 서릿바람을 맞고 덩그러니 서 있다.

철삿줄을 나무에 묶고 사람들을 매어 달았다는 가지에는 띠를 두른 듯 철삿줄 박힌 자국이 남아 있다. 옛날에 그 모질었던 매질을 증언하고 있는 동쪽으로 뻗어 있던 그 가지는 1940년에 부러져 나갔고, 오래지 않아 가운데 줄기마저 폭풍우에 꺽여져 버렸다. 그 후 천주교 측에서 이 지역을 직접 관리하며 오늘에 이른 것이다. 얼마 전 나무종합병원에 부탁해서 영양보급과 보강조치를 받게 한 뒤로는 수력이 한결 좋아졌다고 한다.

호야나무는 어디를 보아도 도도함이나 악함이 없어 보인다. 세찬 비바람을 어찌 홀로 감당했는지…. 발길질을 당하고 돌팔매를 맞아 생채기가 난다 해도 긴 세월이 지나면 새 살도 돋으련만, 잘려나간 자리에는 새움 한 번 피워내지 못하였는가 여태 뭉툭하게 이지러진 채로다. 아직도 아물지 못하였음은 그때 그 풍상이 남달라서였을까.

어느 평온한 마을 동구에 있었더라면 지나는 길손의 쉼터쯤 되었을 터인데. 초여름 모 심던 일손들이 그 그늘에서 목을 축이기도 했을 테고, 동리 아이들의 놀이터가 되었을 터인데, 저토록 처절한 모습이 되었으니…. 까치집 하나 얹혀 있지 않으니 어쩌다 들판을 지나는 새들도 쉬어가지 않는다.

모진 생명들이 죽어가며 부르짖던 '예수마리아' 기도소리가 나무에 배어 있는 듯 눈바람 지날 때마다 그 소리가 귓전을 울리는 것 같다. 눈 파란 신부님의 말씀이나, 장옷을 쓴 안방 아씨의 독송 그리고 행랑아범의 울부짖음이 낮게 혹은 처량하게 들리는 듯하다. 연로한 양친을 두고 가는 아랫마을 개똥이랑, 갓 댕기들인 짚세기 순이며, 줄줄이 엮여나가며 뒤돌아보았을 이 나무.

떼죽음을 당했다던 윗마을 우물안집, 혼삿날 받았던 건넛마을 처자는 기도문을 찢기지 않으려 치마폭에 감추었다가 서슬 퍼런 칼날에 베이고 말았다니 어느 한 사람 꽃상여에 실려나가지 못했다니 소리죽여 울음 삼킨 그 통곡들이 저 높이 닿았음인가. 하늘에서는 꽃잎 날리듯 눈송이가 분분하다.

이제 육신들은 숨을 거두었지만, 더운 피가 뿌려졌던 그 땅에서 잘려나간 자리에 두껍게 서린 자국만큼이나 긴 세월의 넋이 어린 호야나무. 몸통에 철삿줄이 파고들었으니 숨 조이듯 했으련만, 스러진 몸이 거름이 되었는가.

해마다 봄이면 쇠잔한 몸으로도 연둣빛 싹을 틔우고, 여름이면 노란 꽃을 피워 가신 임 숨결을 기리는 것일까. 그때 다 못 전한 외침을 바람에 실려 날리고, 빗물에 흘려보냈으니, 그 말씀이 세상에 퍼졌으리라. 이제야 발걸음 옮기는 순례객들마저 나무에 기대 서서 아득히 지난 일이건만 목이 메인다.

여숫골이라 부르는 지명에도 유래는 있다. 죽어가던 신도들이 '예수마리아' 라고 읊조리던 기도 소리를 '여수머리' 라 알아듣던 주민들의 입으로 전해지고 다시 와전되면서 '여숫골' 이라는 땅 이름으로 고착된 것이다.

호야나무는 정식 이름이 홰나무다. 충청도 사투리로 호야나무라 부르던 것이 이 나무의 고유 명으로 굳어진 듯 생각된다. 둘레에는, 십 년 전에 어미나무의 씨를 받아 심은 네 그루의 후계목後繼木이 자라고 있다. 동서남북 네 방위에서 마치 하늘 높이 팔을 벌리는 시늉을 하며 큰 나무를 에워싸고 있다.

다시 꽃이 필 것 같지 않게 쇠잔해 보이는 어미나무가 새끼 나무 넷을 옆에 거느리고 있으니, 그 울타리 어찌 튼실하지 않으랴. 순교의 넋이 서린 큰 나무 옆에 뿌리내린 작은 나무들은 이름 없이 스러져간 순교자의 몸이 거름이 되어 해뫼에 떠오르는 아침 햇살을 받아 푸르게 자라기를 두 손 모은다. (1998)

아사가와 다쿠미의 반송

가끔 홍릉 수목원에 간다. 울창한 수목 사이를 거닐 수 있어서 좋고, 이름만 들었던 나무들을 현장에서 확인하는 보람이 알차서 더욱 좋다. 한 바 바퀴 돌고 나면 내가 알고 있는 자생식물 가짓수가 얼마나 알량한 것인가에 새삼 부끄러워지기도 한다.

그렇게 돌다가 내 발길이 자주 머무는 곳이 있다. 연구원 본관 건물 앞 너른 잔디밭 가운데 서 있는 소나무 한 그루. 옆으로 뻗은 작은 가지들이 우북하게 퍼진 둥그스름한 수형이 마치 우산을 펼친 모양이다. 그 옆의 다른 나무들처럼 곧고 우람하지는 않아도, 잘 가꾼 분재를 확대시킨 듯 조화로움이 담겨 있다. 반송盤松이다.

길가나 아파트 녹지에서 다보록한 유목幼木들을 보기는 해도, 저토록 멋진 수관樹冠을 펼치고 서 있는 모양은 드물다. 여느 소나무赤松에서 느낄 수 없는 기품과 정감이 번진다. 만지고 싶고 기대고 싶고, 그 수피에 귀를 대면 무슨 이야기라도 들릴 것만 같다.

일본인 한 사람의 이름이 떠오르고, 그 유별난 사연을 풀어나가기 위해서는 자연히 우리의 아팠던 지난 역사로 거슬러 오르게 된다.

본래 이 언저리는 능역陵域이었다. 국운이 기울던 무렵 일본인에게 시해된 명성황후의 능이 이곳에 마련되었고(1897), 그 능호를 홍릉이라 부르게 되었다. 그러다가 고종 능을 경기도 금곡으로 마련할 때 함께 이장했으며, 그 뒷자리에 임업시험장이 들어선 것이다. 지금도 언덕 뒤에 능지陵址가 있다. 그 임업시험장 연구관으로 아사카와 다쿠미淺川 巧라는 일본인이 부임해 왔고, 그가 심은 나무가 저 반송이다.

본디 반송은 소나무의 변종인데 줄기가 곧게 뻗지 않고 밑동에서 여러 갈래로 갈라지고 계속 새가지를 치면서 자란다. 만지송萬枝松이라 칭송되는 까닭도 그런데 있다. 기자祈子나 다복多福신앙과 얽혀 성스러운 나무로 여겨져 왔다. '다복솔'이라 일컬어지는 것도 그런 데 연유한다.

적송보다는 마디게 자라고 수명이 그다지 길지 않은 흠이 있지만, 함경도 지방을 비롯한 남한 여러 고을에 반송의 거목들이 자라고 있다. 홍릉 수목원반송도 그 반영에 든다 하겠다.

다쿠미는 우리 고유 수종인 반송에 주목했다. 그래서 시험장 앞뜰에 그럴싸한 반송을 심기로 작정했다. 왜솔을 심어야 한다는 상부의 지시가 있었음에도 다쿠미는 그 자리에 반송을 심어야 한다고 우겼다.

마침 그의 눈에 드는 나무가 있었다. 지금의 과학원 자리에 있었던 홍릉 초등학교 뒷산에 자라고 있었는데, 그걸 옮겨심기로 마음먹었다. 그 일에 종사했던 사람의 전언에 따르면, 그것은 대단한 공사였다고 한다.

요즘에는 장비와 기술이 좋아서 큰 나무를 옮기는 일이 쉽고, 또 이식한 뒤에도 잘 살지만, 일제강점기인 그때 사정으로 이미 30년쯤 된 소나무를 옮겨 심는 일이 그리 만만치는 않았던 모양이다.

일꾼 40여 명이 둘레를 크게 파고 새끼로 동여 떠서 뗏목 같은 틀에 실은 다음, 통나무를 받침목으로 죽 깐 위를, 조금씩 밀어 가는 식으로 지금 있는 자리까지 옮겨왔다고 한다.

얼추 잡아도 1백 살을 훨씬 넘었을 그 반송이 저토록 청청하게 살아 있는 모습에서, 저 나무에 담으려 했던 고인의 뜻을 조심스레 더듬게 된다. 시험장 앞뜰 번듯한 자리에 우리 나무를 심고 일본 수종은 뒤쪽으로 보냈다던가, 산림의 남벌을 막고 간벌제도를 정착시켰다던가 하는 일들은 그가 범연한 인물이 아니었음을 말해준다.

다쿠미는 일 년 앞서 이 땅에 온 형의 뒤를 따라 총독부 관리 신분으로 왔으면서 일제의 식민지 수탈에 혐오를 느꼈다. 언어 풍속마저 버리고 일본인이 되라고 강요할 때, 그는 한복에 갓을 쓰고 장죽을 물고 동네를 돌아다녔다. 어린 딸에게도 집안에서는 우리말을 쓰게 했고, 생활용품까지 우리 것을 쓰고 우리 음식을 먹으면서 한국인으로 살기를 원했다.

어려운 사람을 도와 일자리를 구해 줬고, 가난한 학생들에게는 학자금을 보태줬다. 한복을 입고 사는 그가 전차를 탈 때, 다른 일본인들이 그를 한국인으로 알고 천대하거나 자리를 비키라고 욕설을 해도, 말없이 양보해주었다고 한다.

그는 형과 함께 방방곡곡을 누비며 도자기 가마터를 뒤졌고, 생활용기 하나하나를 그림으로 그리고 이름을 붙여 유명한 역작 『조선도자명고朝鮮陶磁名考』를 출간하기도 했다.

그는 임업에 관해 많은 조언을 했고, 그 연구 성과는 오늘까지도 이어지는 것이 많다고 한다. 뿐만 아니라 야나기 무네요시柳宗悅와 협력하여 도쿄에서 이조전李朝展을 열었고, 경복궁 안에 상설 조선민족미술관을 개설하는 일까지 이루어 놓았다.

다쿠미는 일본인이면서 조선인으로 살다가 조선 땅에 묻히기를 소원했다. 둘째딸을 낳자마자 떠나보낸 일이 있었다. 슬퍼하는 부인에게 이렇게 말을 했단다. “이번 일은 슬프지만 그건 그대로 좋은 일인지도 모르오. 우리의 아이가 조선의 흙이 되었기에 조선과 일본 사이에 다리 하나가 연결된 느낌이 드오. 언젠가 우리도 조선의 흙이 될 것이니 우리 아이가 잠드는 것은 좋은 일이오.”

그 형제가 우리 겨레에게 바친 애정은 남다르다. 서대문, 서소문이 헐리고 또다시 광화문이 헐리는 것을 막으려고 야나기로 하여금 전세계에 띄운 공개장 『사라지려는 한 조선 건축을 위하여』를 쓰게 만들었다. 파괴될 운명을 면한 광화문은 다른 곳으로 옮겨 세워졌다.

한국을 탄압 수탈하는 일본에 분노를 금치 못했던 사람들. 한민족 편에 서서 아픔을 함께 껴안고 고통을 더불어 나누려 했던 마음 씀씀이. 슬픈 마음을 투시하고 그것을 쓰다듬어 상처를 달래 주었던 사람들. 그 몇 안 되는 일본 사람들 가운데 하나가 아사가와 다쿠미다.

저기 저렇게 사철 내내 푸른 가지를 드리우고 있는 반송이 우리에게 그 내력을 말하고 있다. 심은 사람은 갔지만, 산천의 푸르름과 더불어 귀한 값어치를 생생히 증언하고 있다.

아사가와가 급성 폐렴으로 타계한 것은 40세 때의 일이다. 청량리 인근 예닐곱 동네 사람들이 몰려와서 서로 상여를 메겠다고 장사진을 이루었다. 하는 수 없이 몇 사람씩 교대로 상여를 메었다고 전한다.

한국식 토장을 원했던 평소 유언대로, 지금 외국어대학 근처 공동묘지에 묻혔다. 해방이 되면서 잇따르는 도시 확장으로 많은 묘들이 일실되는 가운데서도 뜻있는 사람들에 의해 그의 묘소는 망우리로 옮겨져 잘 보존되고 있다. 묘비는 그가 생전에 사랑해 마지않던 백자 항아리 모양을 본떠 둥그스름하게 만들어졌다. 묘비에는 '한국을 좋아하며 한국인을 사랑하고 한국의 산과 민예에 몸을 바친 일본인, 여기 한국의 흙이 되다.' 라고 새겨졌다.

딸 하나가 있었지만 세상 떴고, 부인은 몇 차례 다녀갔다. 지난번 왔을 때 남편의 유품 몇 점을 무덤에 아울러 묻고는 그 뒤로 소식이 끊겼다고 한다. 다쿠미의 고향 사람들과 그의 행적을 기리는 일본 사람들이 자주 찾아온다고 하니, 그는 가위 영생한 인물이 아닌가 싶다.

어쩌다가 수목원 잔디밭에서 혼례를 치르는 신부 신랑의 모습을 보기도 하고, 사생을 즐기는 어린이의 행사에도 맞닥뜨린다. 어떤 아이는 반송의 가지 뻗음을 열심히 좇아 그리고 있다.

저 자리에 저 나무를 옮겨 심을 때, 오늘의 저런 모습을 예견이나 했을까. 수난의 역사 현장에 그 나무를 심은 또 다른 뜻은, 바로 저런 미래가 있기를 바랐던 간절함이었을 것이다. 반송의 나무갓을 바라보면서 저 나무가 저토록 돋보이는 까닭은, 심은 이의 유덕을 기리는 후대 사람들의 정성이 한몫 하는 때문이리라 믿고 싶다.

홍릉 수목원에 가거든 마당 가운데 선 반송을 무심히 지나치지 말자. 어떤 한국 사람보다 우리 땅과 우리 소나무를 사랑해서 그 자리에 반송을 심은 아사가와 다쿠미를 떠올려보자. (1999)

폭나무의 세월

그림에서 암울한 분위기가 풍겨난다. 미감美感 이전에 본원적으로 내뿜는 메시지가 강렬하다. 「팽나무와 까마귀」라는 작품 앞에서 나는 붙박인 듯 서게 되었다. 어두운 하늘을 배경하고 한쪽으로만 뻗은 수관樹冠, 그 앞에 웅크리고 앉은 까마귀의 실루엣.

50여 점의 연작은 제주의 한을, 척박했던 당시를 생생하게 보여준다. 어느 역사책의 서술이 이 그림들보다 더 잘 드러낼 수 있을까. 서양화가 강요배씨의 '4 · 3 역사화전歷史畵展'을 관람하고 미술관을 나올 때는, 한라산을 가로지르는 강한 바람을 맞닥뜨린 느낌이었다.

여러 날이 지나도록 그림 속의 나무가 눈에 선했다. 그 나무의 모델이 있는 곳을 수소문하고, 4 · 3에 대한 문헌을 찾아 읽으면서, 희미해져가는 지난날을 그림으로 되살린 작가의 의중을 엿볼 수 있었다. '역사화전'에 다녀 온 열흘쯤 지나 제주도를 향해 걸음을 옮기게 되었다. 오랜 세월 이야기를 담고 있는 나무를 만나리라는 기대로 가슴이 부풀었다.

육지를 떠나 하늘에서 내려다본 제주는 외로운 점이었다. 탐라라는 작은 섬. 삼별초항쟁이나, 프랑스 함대와 대치한 이재수난, 왜구의 침략 등 곳곳마다 역사의 흔적들이 스며 있을 것이다.

예약했던 택시기사를 공항 로비에서 만나 동복리 쪽으로 향했다. 택시가 해안도로를 따라 들어서자 너른 바다와 푸르른 나무들, 돌담들이 눈에 들었다. 바람을 막기 위해 올레담을 쌓고, 왜적을 막느라 바닷가에는 돌성을 쌓은 것이 벌써 700여 년 전이었으니 참으로 오래전부터 돌담으로 서 있었던 셈이다. 싸움이 있을 때마다 여자들은 삼태기나 치마폭으로 돌을 나르고 남자들은 뻥개질로 왜구들을 향해 돌팔매를 퍼부었다.

"예리 당포에 왜배가 들라. 칠성같이 벌어진 관당(이웃 친척)담월(빽빽이 모여 있는 별자리 이름)같이 모여나 보세."

끊임없이 이어지는 왜구의 침략이 끝내는 일제강점기의 치욕으로 변했다. 해방 후에는 제주도에 인민위원회라는 자치행정기구가 세워졌다. 징병이나 징용, 강제노역으로 끌려갔던 6만여 명의 사람들이 간신히 고향으로 돌아왔건만, 일자리도 없고 생필품도 귀했다. 설상가상 2년간의 가뭄으로 흉년에 돌림병인 호열자가 퍼져서 수백 명이 목숨을 잃었다.

1947년 3월 1일 3만 군중이 양과자 반대운동으로 미군정에 시위를 하자, 당국에서는 총을 쏘아 여섯 명의 사상자를 냈다. 주민들은 이에 맞서 총파업을 하게 되었다. 그러자 육지로부터 서북청년단과 응원경찰대가 파견되어 "빨갱이를 소탕 한다."는 명분아래 조금이라도 불평하는 사람들이 있으면 구금, 고문을 자행했다. 탄압에 항거하는 제주도민들의 횃불시위가 시작된 것이다. 젊은이들은 탄압을 피해 산으로 가거나 자위투쟁을 위해 훈련을 하고, 여자들은 간장을 담은 허벅과 소금가마니를 산으로 지어 날랐단다.

운전기사가 전해주는 이야기에 잠겨 있는 동안, 차는 해안도로를 벗어나 들판을 지나고 있었다. 그때 "이제 동복리 다 왔는대요."라는 말과 함께 돌무더기 옆에 차가 멈췄다.

한적한 들판이었다. 폭나무 한 그루가 서 있었다. 그림 속의 그 나무를 마주하니 가슴이 뛰었다. 나뭇가지들이 한쪽으로 쏠려서 마치 긴 머리가 옆으로 나부끼듯 그렇게 뻗어 있었다.

볼거리도 없는 곳에 어찌 왔는가 싶은지 운전기사는 뜨악한 얼굴을 했다. 그림 속 팽나무를 찾아온 것을 그가 어찌 짐작이나 할 수 있으랴. 팽나무를 만나러 왔다는 내 말에 "팽나무가 어떻게 생겼어요?"라며 고개를 돌리다가 생각이 난 듯 '폭낭'이 아니냐고 되물었다. 제주도에서는 '폭낭' 혹은 '폭나무'로 부른다는 말을 덧붙였다.

눈앞에 서 있는 나무가 그 폭나무였다. 미술관 벽에 걸려 있던 액자 속의 나무를 일순간에 옮겨다 나를 위해 들녘에 세워 둔 것 같았다. 다른 게 있다면 까마귀의 실루엣이 보이지 않을 뿐이다.

100년이 넘는 긴 세월 동안 동네 어귀에 서 있다고 했다. 빈 나뭇가지 사이로 불어오는 바람이 향방을 모르게 가버린다. 폭나무 위로 하늘을 선회하며 날아가는 까마귀 한 마리가 언뜻 눈가를 스치는 듯하다.

태생이 그런 것일까. 나무의 모양새는 푸근함이 전해오는 나무갓이 아니다. 뒤틀린 채 서 있다. 바다 쪽에서 불어오는 세찬 바람 때문일까. 아니면 역사의 세찬 역풍 때문일까. 궁금하게 여기는 내게 "그 나무보다 더 이상야릇하게 생긴 나무도 있거든요."하고 전해준다. 그 말을 듣고 나는 선뜻 앞장섰다. 그림에 있는 동복리 폭나무만 보리라 여겼는데, 제주의 폭나무를 순례하는 일정이 되었다.

동광리로 들어섰다. 너르디너른 들판이 한눈에 들어온다. 지금은 없어진 무등이왓이라고 했다. 땅의 생김새가 춤을 주는 어린아이 같다고 해서 무동舞童이고 '왓'은 밭의 제주방언이다. 또 다른 뜻은 '무등(무덤)이 있는 밭'으로, 제주에서는 자신들의 밭에 무덤을 쓰는 오랜 풍습으로 중산간마을 웬만한 밭에는 다 무덤이 있단다.

드문드문 서 있는 폭나무에게서 차마 발길을 떼지 못했다. 덤불 속 돌무더기 옆에 중동무이로 꺾인 나무가 폭나무라 하니 그러려니 할

뿐, 뒤틀리고 꼬여 우그러진 밑동, 곧게 자라지 못하고 옹이진 마디마디, 뭉툭 잘리고 앙상히 휘어진 가지들. 척박한 자연환경 때문일까. 바다에서, 육지에서 불어닥친 4 · 3 의 격랑 때문일까. 불에 타고 끄슬린 나무의 사연은 언제쯤 들을 수 있으려나.

그 자리에도 사람들이 살고 있었다. 화전을 일구고 다랑이 밭을 갈았다. 억새풀로 지붕을 이었고 쇠막도 지었다. 산막에서는 숯도 굽고 쇠테우리도 하며, 비옥한 땅은 아니어도 밭에는 조가 있고 밀이 있었으며, 고구마는 썩 잘 되었다. 들판 가득 고사리가 터 오르고, 우물가 물팡에는 붉게 핀 동백꽃이 있었을 것이다. 마을마다 높직한 폭나무가 당산을 이루었다. 여름이면 나무 아래 짙은 그늘이 드리워졌고, 평상이 놓였다. 그곳은 개구쟁이들의 놀이터였으며, 일터의 일이나 집안의 어려움, 마을의 대소사를 나누는 장소였다. 설령 갈 곳 없는 뜨내기가 찾아든다 해도 넉넉한 품으로 맞이하는 인정이 오갔을 것이다.

그런데 지금 농사짓고 짐승 키우며 삶을 이루었던 사람들은 간 곳 없고, 외지에서 온 약삭빠른 사람들에 의해 남의 땅이 되었단다. 마을 곳곳에 곡식을 찧던 연자방아가 있었지만 육지인들의 거실 장식용으로 팔려갔다는 소리를 듣는다. 끼니를 장만하는 생활의 방편이었을 텐데.

예전의 아픔 때문인지 지금은 바라보기조차도 꺼리는 곳이 되고 말았으니. 마을을 잃어버린 후손들은 어디에 흩어져 있을까. 손때 묻은 세월의 자취를 어디서 찾을 수 있을까. 지금은 잡초만 우거진 빈 터.

불어오는 바람이 마른 억새풀을 흔들며 지나간다.

시간이 멈춰버렸다는 말이 이런 것인가. 마을 전체가 공동상태였어도 보이지 않는 어느 곳에선가는 풀꽃들이 봄을 알리고, 나비들은 날아다닌다. 그 때의 아이들은 중년을 넘기고, 청년이 벌써 노인이 되었을 것이련만.

"중산간마을이 불바다가 되었을 때, 몽땅 타 버려서 그렇지요. 나무만 탔나요, 사람도 변을 당했지요. 우리 아버지랑 큰아버지도 그때 가셨대요."

그의 휑한 시선이 먼 하늘로 옮겨진다. 팽나무 둥치에 도끼날이 파고들고, 남은 가지가 불에 타 버린 것도 그 때였다고 한다.

"제주 사람들은 4 · 3얘기 싫어해요. 누구도 입 밖에도 내지 않습니다."

왜 안 그럴까.

자고새면 돌밭 일구어 밭작물이 커나는 것을 보람으로 여겼을 시간들. 저녁거리 앉히며 식구들을 기다렸으련만, 눈 깜짝할 사이에 자식을 잃고 부모 형제를 여의었으니 그 마음 어디에 닿으랴.

"그때가 1948년이었어요. 4월 3일 새벽 1시. 오름마다 일제히 봉화가 올랐지요."

그는 허심하게 지난날을 풀어갔다. 500명가량인 무장자위대의 반격이 시작되었다. 무장대는 본토에서 들어온 경찰과 서청의 추방을 요구했지만, 더 많은 군인과 경찰이 증원되어 도민들은 산속으로 피신하게 되었다.

육지에서 들어온 진압군은 누가 아군이고 적군인지 구별할 수 없으므로, 한라산 중산간마을 주민들을 해안 마을로 옮기라는 소개령이 내린다. 해안선으로부터 5km이상 떨어진 중산간지대를 통행하면 총살하겠다는 포고문을 발표했다. 그리고 토벌이 시작되었다.

제주지역은 해안 마을과 해발 200m이상인 중산간마을로 나뉜다. 조선 초기까지 제주도의 촌락은 해안가에 있었지만, 왜구들의 침략으로 중산간마을이 형성되었다. 그랬으니 지형상 '해안선 5km 이외의 지점' 은 일반인들이 살고 있는 구역이나 마찬가지였다.

갈 곳이 없는 사람들은 남의 집 헛간 살이라도 마다하지 않았지만, 겨울이 되면서 추위와 굶주림으로 다시 마을로 돌아와야 했다. 그런 과정에서 빨갱이와 폭도라는 이름으로 뜻하지 않는 변을 겪고 가족을 잃게 되고 말았다. 100여 마을 이상이 참화를 입었다. 가축과 산림 피해도 엄청났다. 그 후 4 · 3의 유족들은 '붉은 것' 이라는 낙인으로 연좌제에 묶여 고초를 겪었다. 정부에서는 4 · 3의 논의가 금기시되어 왔고, 김대중정부에서 철저히 규명하겠다고 약속했지만 제대로 이뤄지지 않았다.

1994년에 피해신고 접수처를 만들었지만, 유족들은 피해의식에 젖어 신고조차 못한 사람들이 많았다.

"우리도 신고 안 했어요. 한들 뭐 하겠어요."

오랜 세월 덮어져 있던 이야기를 이어가는 내내, 그는 중간 중간마다 긴 한숨을 내쉬곤 했다. 저물녘에야 자리를 털고 일어났다.

제주시로 돌아오는 길에 한림읍 명월리와 납읍리에 총 맞은 나무가 있다고 해서 찾아갔다. 중산간이 소각되면서 웬만한 나무들은 타버렸건만, 고목들은 얼을 입은 채 얼마간은 남아 있더라고 했다. 막상 명월에 도착해보니 총상을 입은 나무들이 서 있던 자리는 아스팔트 도로로 변해버렸다. 어렵게 찾아온 걸음이 아닌가. 어찌해서 총격을 당했는지 그 내력이나마 듣기로 했다.

성읍에 있는 나무처럼 해묵었다고 전해진다. 어른 두엇이 아름드리 나무에 몸을 감추어도 누구도 알아차리지 못할 만큼 둥치가 컸다. 마을 전체가 불바다가 되던 날, 그 나무에 숨어 있던 사람들이 드러날 수밖에 없었으니, 인명피해뿐 아니라 나무들도 덩달아 총상을 입었다고 한다.

상이군경처럼 불에 타고, 총구멍이 나도, 뭉툭한 가지에서는 새 순이 트고, 다시 봄이 오면 새 가지를 뻗었다. 그렇게 해를 거듭하면서 수세를 넓혀갔다. 지난 세월의 위용을 갖추며 꿋꿋하게 살고 있었다.

사람들 머릿속에서는 서서히 잊혀지는 지난 일이어도. 불타버린 마을에 땅만 남고, 돌만 남았어도, 폭나무들은 그 어려웠던 시절을 묵묵히 마을 지킴이로 견뎠던 것이다.

애면글면 버텨온 세월을 전기톱으로 한순간에 베어버렸으니 어찌 안타깝지 않으랴. 도로를 넓힐 때 해묵은 나무들을 비켜갈 수는 없었던 것일까. 먼 나라 독일에서는 집안에 있는 오래된 나무 한 그루도, 관할청의 허락을 받아야 벨 수 있다고 하던데…

“성읍에는 정말 잘생긴 폭나무가 있어요. 느티나무처럼 둥그스름하고, 흠도 없어요.” 정말 잘생겼다고 몇 번씩이나 되풀이 하는 그의 말을 따라 성읍으로 갔다.

성읍 민속마을 한복판에는 천년수로 이름난 느티나무가 의젓했다. 그 주변의 훤칠한 폭나무가 눈길을 끈다. 폭나무는 600년생의 천연기념물로 보호받고 있다. 어른 세 사람이 팔을 벌려도 손이 맞닿지 않을 만큼 우람하다. 세월의 켜가 쌓였음에도 구세먹은 데 없이 무성하게 가지를 펼치고 있다. 순리로 자란 나무와 역리逆理를 이기면서 뻗은 나무가 이렇게 다른 것인가.

좁짱한 갈림길에는 대나무가 우거졌다. 밭담을 에두르는 대숲이 사람이 살았던 옛 곳임을 알려준다. 댓잎의 서걱거리는 소리가 귀를 모으게 한다. 놓쳐선 안 될 이야기처럼.

더 깊숙이 걸어가면 얼마 전에 찾은 굴이 있다고 했지만 운전기사가 더는 갈 수 없다고 했다. 동굴에 대한 얘기는 전날 우연히 어느 노파에게서 들었다.

“웬만하면 그때는 다 큰 넓궤(굴)로 가서 숨었지요. 화산 때문에 저절로 생긴 넓궤입니다. 한 이틀 숨어 있으면 토벌대들이 가련 했지, 굶어 죽으리라 생각했겠어요?”

세월이 지나 누군가 우연히 그 굴에 들어갔다가 어린아이 유골과 함께 어른 유해가 있음을 보게 되었다. 굶주림을 견딜 수 없어 굴 밖으로 나온 사람은 그대로 사살되었고 굴 안에 남아 있던 사람은 고스

란히 굶어죽었단다. 1백여 명도 넘는 마을 사람들이 그런 식으로 세상 뜬 것을 뒤늦게야 짐작할 수 있었다. 죽음보다 더 큰 슬픔이 어디 있으며 생이별한 사람이 한둘일까마는 남아 있는 사람은 살아야지, 하는 마음으로 열심히 일을 했다고 한다.

노파는 눈가를 훔치다가, 치맛자락을 만지작거린다.

"우리 집에도 삼대독자인 셋째동생이 있었어요. 우리 집안에 처음 있는 학생이지요. 봄이면 고사리도 뜯어다 팔고, 품도 팔고 그렇게 가르쳤어요. 우리 식구들도 굶으면서 숨어 있는 동생에게는 밤이면 보릿겨를 버무리고 나물죽도 쑤어다 주고 했어요. 토벌대는 동생 내놓으라고 날마다 닦달을 해요. 해도 해도 안 되니 나중에는 아버지를 데려다가 폭나무에 매달았어요. 끝판에는 동생도 당했지요. 산으로 피신한 집은 다 그랬어요."

무슨 말이 위로가 되랴. 어설픈 글줄 쓰겠다고 남의 아픈 마음을 후볐으니 후회막급이다. 노파가 콧물을 훔치면 나도 콧물을 닦고, 눈물을 닦으면 나도 눈물을 훔쳤다. 그렇게 하루해가 저물었다.

2006년 4·3 58주년을 맞아 고 노무현 대통령은 추도문을 발표했다. 한 구절이 기억에 남는다.

> 누구를 벌하고, 무엇을 빼앗자는 게 아닙니다. 사실은 사실대로 분명하게 밝히고 억울한 누명과 맺힌 한은 풀어주고, 고통받는 분들의 상처를

치유하고 명예를 회복해 줘야 합니다. 자랑스러운 역사든 부끄러운 역사든 있는 그대로 밝히고 정리해야 합니다. 그래야 진정한 화해를 통해 통합의 길을 갈 수 있습니다.

바람이 가는 방향으로 고개를 돌렸다. 삼밭구석麻田洞에 서 있는 폭나무가 눈 안에 들어온다. 300년 넘게 삶을 이어오던 마을이 재가 되어버렸어도, 폭나무는 혼자 하늘을 이고 서 있다. 58년 된 응어리가 쉽게 풀리지 못해도, 언젠가는 제주도민들의 아픔이, 상처가, 서서히 치유되었으면 하는 바람이다.

새싹 움트는 소리가 들리는 듯하다. 잎이 어우러지는 여름이 오면 꽃맺이도 하겠지. 그런 상상과 함께 엇그제 만났던 그 노파의 쇠잔한 목소리가 귓전을 울린다

"폭나무 봤지요? 저 나무들이 옛날의 증인이지요. 그때는 까마귀들이 새까맣게 날아 다녔어요. 다 목격자들이지요. 말 못하는 나무지만 어찌 그때를 모른다 하겠어요."

바람을 맞으면서 바람 속에서 자라는 폭나무. 지나는 이의 눈길 한 번 받지 못한 채 없어진 마을을 지키며 홀로 서 있는 나무. 그 나무에는 제주도민이 겪은 삶의 진실이 담겨 있다. 거센 바닷바람에 힘겨운 성장이련만, 옹이진 마디 위쪽 잔가지에서는 새순이 강한 생명력으로 봄을 맞이하고 있다. 나무위로 새 한 마리가 날아와 앉는다.

그 나무들을 바라보면서 이런 생각이 들었다. 새 잎 피어날 무성한 가지는 너른 그늘 드리워, 오가는 이에게 쉼을 줄 것이니 얼마나 평온

한 일일까. 변고를 겪지 않고 수백 년 살아온 우람한 둥치처럼, 제주 민들의 앞날도 그렇게 튼실해서 연둣빛 잎새처럼 빛 날 것이라는 바람이었다. (2009)

생강나무 사연

노란 꽃을 피운 떨기나무 사이로 단소 가락이 아슴히 들려온다. 썩 잘 부는 솜씨는 아니어도, 그것이 '정선아리랑' 음률을 밟고 있음을 단박에 알 수 있었다.

> 떨어진 동박은야 낙엽에나 쌓이지
> 나는야 사시장철 님 그리워 못살겠네
> 아우라지 뱃사공아 배 좀 건네주게
> 싸리골 올 동박이 다 떨어진다

가락의 음원을 좇으니, 거기 덤불 사이에 웬 남자가 있다.

"산수유 꽃이 한창이군요."

그는 약간 미소를 흘리면서,

"비슷하게 생겼지요. 저것들은 생강나무인데, 강원도에서는 개동박 또는 그저 동박이라 부릅니다. 산수유와 꽃철이 같아서 혼동하기 쉽지요."

언뜻 분간이 안 되어서 머뭇거렸더니, 그가 가지 끝을 잘라 비벼서 코에 대어준다. 생강 냄새가 난다. 그리고 산수유와는 달리 수피가 벗겨지지 않는다는 말까지 곁들인다.

옛날에는 그 열매로 기름을 짜서 여인네들 머릿기름으로 썼고, 그래서 그렇게 불리는 것 아닌가 싶단다. 강원도 사람인 김유정의 소설 제목 「동백꽃」도 사실은 생강나무라야 맞단다. 생강나무에 대해 이런저런 이야기가 이어지고 있을 때, 바람결에 향긋한 꽃내음이 번져 온다.

"이 냄새가 생강나무 향이랍니다."

매화 향기보다 훨씬 짙다. 가까이서 맡아보기로는 처음이다.

그는 황홀한 표정으로 눈을 지긋이 감으면서 그 내음에 짐짓 젖어들었다. 예사로운 것 같지 않아서 단소 가락에 무슨 인연이라도 배어 있는 게 아니냐고 물어보았다. 그는 나의 뜬금없는 물음을 나무라기는커녕 그 향기에 띄우기라도 하려는 듯 속 깊은 이야기를 끄집어냈다.

"이제는 아득한 지난 일이오만…."

말끝을 잠시 흐리다가 스스럼없이 그러나 차근차근 이야기를 이어갔다.

그는 6·25전쟁 때 인민군으로 내려왔다가 퇴로가 막혀 지리산으로 들어갔다. 거기서 온갖 어려움을 다 겪으면서도 한 여인과의 만남으로 하여 보람도 컸다. 그러나 그 어느 해 국군 공세 때 그녀는 전사하고 말았다. 그녀가 좋아하던 생강나무 그루 밑에 대충 묻어주었다. 그 뒤 그도 옥고를 치르고, 중년이 된 몸으로 세상에 나왔다. 그녀가 묻혔던 곳을 찾아갔으나, 우거진 숲 때문에 향방을 알 길이 없었고 노란 꽃만 지고 있었다. 그 막막함을 달랠길 없어 생강나무 꽃철이 오면 그녀가 나고 자랐다는 이곳 강원도 땅을 찾는다고.

추위와 목마름을 이겨내고 꽃 피우는 그 나무를 곁하며, 봄이 이울 때까지 그 나무 곁을 떠나지 않는다는 그의 사연을 들으면서 생강나무를 보고 있으니 노란 색깔과 진한 향기 때문일까, 무수한 꽃 이파리들이 윙윙 소리를 내는 것만 같다. 그만 나도 모르게 지난 세월을 어찌 살았느냐고 또 묻고 말았다. 그는 씽긋이 웃을 뿐. 화석처럼 묻혀 산 가운데서도, 그녀와 더불어 맡던 생강나무 꽃향기가 큰 위안과 힘이 되었단다. 비록 여인으로써 함께 이룩한 생활은 없었지만 한 줌의 빛으로 남아 긴 어둠을 비춰주었기 때문이라고 했다.

아까 읊조리던 그 가락도, 그녀가 늘 부르던 옆에서 귀동냥으로 배운 거라고. 그런 이야기를 하는 그의 눈에는 물기 어린 허망함이 고인다. 그가 이야기하고 있는 동안 가끔씩 나무 가지 스치는 새의 날개짓 소리가 산골의 고요를 깰 뿐, 서서히 어둠이 내렸다. 꽃잎이 지고 있었다.

"생강나무를 남도에서는 '아구사리' 라고 부르는데, 진작부터 민간에는 쓸모가 많은 나무로 널리 알려져 있지요. 더욱이 당시 우리에게는 귀한 약재이기도 했어요. 열병에 걸렸을 때 잔가지를 달여 마셨고, 상처가 나면 잘게 빻아 붙이기도 했구요. 봄 새순은 데쳐 먹고 쌈을 싸먹고, 마른 잎은 말아서 담배처럼 피우기도 했지요. 좀 맵기는 했지만…."

단소를 만지작거리는 그의 손마디는 굵고 앙상하다. 나부끼는 머리는 희끗희끗하다. 한참 하늘을 우러르고 있더니, 얼씨구 하며 일어선다. 등도 휘었고 심하게 다리를 절룩거린다. 그가 짊어진 세월의 무게가 어떠했기에 내딛는 걸음마다 저리도 무거울까. 사라져가는 그의 등 뒤를 무심코 바라볼 수 없었다.

켜켜이 떨어지는 애상을 모아 그녀가 남긴 발자국을 따르지만, 외진 자리에 묻힌 지난날 흔적들을 어디쯤에서 만날 수 있을까. 그의 걸음 지난 자리에 산새들 울음만이 고이 깃든다. 그녀를 향한 마음 잃지 않고 지켰으니, 이제 뜨거운 피가 돌던 그 때의 응어리진 마음 삭혀 따뜻한 햇살로 만 그 가슴에 남았으면 싶다.

이 봄. 생강나무 꽃철을 다시 맞는다. 어느 나무도 봄맞이 채비가 덜 되었을 때, 그 나무는 밝은 태양 색깔로 꽃망울을 터뜨린다. 할 말이 많아서인가 몸이 뜨거워서인가. 산골짜기를 점점이 노랗게 수놓으면서 음지 양지를 가리지 않고 피어난다. 그리고는 산 숲이 푸르름을 지어내기 전에 슬며시 진다.

가을에 드는 단풍까지도 노란 것을 보면, 생강나무 천성은 본시 노란 것일까. 저토록 대범한 꽃나무도 보는 철과 겪는 사람에 따라서는 느낌 또한 각각인게다. 이 화창한 날에 그 등 휘고 다리 절던 노인은 올해도 어느 산비탈에서 그 절절한 아픔을 노래할 것이다. 멀고도 높은 고향을 바라보며, 구름 따라 하늘로 이어지는 노래.

아우라지 뱃사공아 배 좀 건네주게
나는야 사시장철 님 그리워 못살겠네
…….
(2009)

월계관수月桂冠樹

그 곳에는 내력 깊은 나무 한 그루가 서 있다는 말을 오래 전에 들었다. 월계관수月桂冠樹라고 했다. 벼르던 어느 하루, 만리동 고갯길에 쓰인 '손기정 공원' 이라는 안내 팻말을 읽으며 쉽게 찾아들 수 있었다.

그의 모교인 양정중고등학교가 목동으로 이전하면서 학교가 있던 자리에 손기정옹을 기념하는 체육공원을 조성했다. 그의 애국심을 기리기 위해 만든 공원이기도 하다.

연륜 깊은 학교 터라 그런가. 갖가지 수종의 아름드리나무들이 걸음을 멈추게 한다. 한여름 땡볕 쨍쨍한 무더위에 매미소리와 어우러져 그리도 푸르른가. 어디를 둘러봐도 녹음이 짙다.

놀이기구에서 재잘거리는 아이들. 운동장을 누비는 청소년들. 구기 코트에서 땀을 흘리는 청년들. 그들의 시끌벅적한 소리가 해묵은 나무들 사이로 울려 퍼진다. 드문드문 벤치에 앉아 담소를 나누기도 하고 잘 닦인 산책로를 따라 걷는 시민들이 한가롭다.

화살표를 따라 '손기정의 월계관수月桂冠樹'를 찾아가 본다.

"승리의 영광을 위해 자라고 더 높은 완성으로 나아가리라.

1936년 8월 9일 제 11회 베를린 올림픽대회 마라톤에서 우승하여 당시 독일 총통인 히틀러로부터 손기정선수가 받은 상수賞樹임."

고대 그리스에서는 우승자에게 지중해 부근에서 자라는 올리브 가지와 잎으로 만든 월계관을 씌워 주었다. 가뭄에도 잘 견디고 산불이 지난 자리에서도 파랗게 움이 트는, 생장력이 좋고 단단해서 그리스인들의 표상이었다.

우승자인 손기정에게 독일 총통은 나무 한 그루를 선물했다. 그 상수賞樹를 가져와 자신의 모교인 양정학교에 심었다. 손기정이 출전했던 그 해는 본래 사용되었던 올리브나무가 아니라, 미국수종인 참나무를 사용했지만 나무종류가 아닌 한 그루 나무에 더 깊은 뜻이 담겨 있다 할 것이다.

작달막한 무궁화그루들이 모닥모닥 서 있고 그 앞쪽으로 월계관수가 서있다. 외대로 올라가 둥그스름하게 펼쳐진 잎새들이 한낮의 햇살을 받아 윤기가 자르르하다. 70여 년쯤 되는 수령樹齡에 수고樹高가

15미터쯤 되니 장령壯齡이다. 올려다보기에도 그리 부담스럽지 않고, 멀찌감치서 바라보기에도 한눈에 든다. 수관樹冠이 참으로 보기 좋다.

서양의 어느 곳에서 떠나와 심어진 나무. 낯가림 없이 이 땅에 뿌리를 내려 이 나라의 나무가 된 월계관수. 의연하고 기품 있어 보임은 나뭇잎 사이로 빛나는 하늘이 드높아서인가. 그 교정에서 자랐던 소년들의 왁자지껄한 웃음소리와 부푼 꿈이 스미어서인가.

굴곡 많은 우리 역사이기에 아픈 세월 견디느라 울퉁불퉁 옹이진 마디도 있으련만, 헛자람도 없고 구세먹은데도 없이 곧게 뻗은 줄기마다 초록으로 무성하다. 해마다 저리도 푸르게 우거졌으리라.

월계관수 뒤쪽으로는 손옹의 흉상이 자리하고 있다. 그 자리는 자신의 나무 월계관수를 엇비슷하게 바라볼 수 있는 그런 높이이다. 2시간 29분 19초. 세계 신기록의 숫자 이전에 손기정 생애 최고의 영광을 안겨준 숫자이리라.

동아일보에서는 이 장거를 알리고자 손기정선수의 유니폼에 붙은 일장기日章旗를 지워 신문에 내보냈다. 널리 알려진 '일장기말소사건' 이었다. 사진을 수정한 화가는 미술책임자였던 그 유명한 청전靑田 이상범이었다. 일본총독부는 사진부장 사회부장 신문사 간부들을 구류처분하고 언론계의 활동도 금지시켰다. 동아일보는 무기정간을 당했다.

손기정이 우승 후 독일 사인북에 'Seoul Korea 손긔정 KEE G SON'이라고 쓴 일이 일본정부에 의해 말썽이 되었다. 비록 일장기를 달고 우승을 했지만 자신이 조선인이라는 것을 알리고 싶었으리라. 그때 나이 24세였다. 그날의 심정을 노년의 자서전에서 이렇게 털어놓았다. "우승 시상대에서 일장기를 쳐다보며 일본 국가를 듣는다는 것이 견디기 어려운 곤욕이었다".

IOC의 공식 기록에는 여전히 일본인으로 남아 있었던 손기정옹. 광복 50년 만에야 호주 크로넨탈 IOC 위원의 노력으로 한국이라는 국적을 되찾을 수 있었다. 당시 부상으로 받은 그리스제 청동투구도 되받았다. 고대 그리스 투사들이 마상경기馬上競技를 할 때 사용했던 투구였다. 아테네의 '부라딘' 신문사가 마라톤 우승자에게 부상으로 수여하기로 하였으나 우승자인 손기정에게 전달되지 못하였다. 그동안 베를린 박물관에 보관되었다가 1986년 국적을 찾은 그 해, 손기정에게 전달되었다. 암울한 시대에의 민족혼이 깃든 투구. 지금은 국립중앙박물관에 소장되어있다.

2002년 가을. 1세기 가까이 역사의 산증인이었던 손옹은 90세로 영면하시었다. 그가 타계한 뒤 미공개 사진이 한 개인에 의해서 공개되었다. 베를린 시상대에서 화분으로 일장기를 가린 채 고개를 숙이고 서 있는 사진이었다. "영웅은 당대보다 후대의 역사가 평가하는 것"이라는 소신으로 그 사진 공개를 미뤄왔다고 한다.

오늘 그의 이름으로 명명된 공원에 앉아 월계관수月桂冠樹를 바라본다. 자신과의 사투가 끝나고 승리의 월계관이 씌워지는 순간, 환희로 가슴 설레어야 할 그 순간에 고개를 떨구고 서 있었던 손기정 선수의 마음을 헤아려본다. 10만 관중들의 함성과 우레와 같은 기립 박수소리, 그리고 "마침내 우승은 했지만 울고만 싶소"라고 독일 신문과 인터뷰했다던 그의 목소리도 들리는 듯하다.

조선의 서러운 한을 돌아보게 하는 나무. 지난날의 아픔과 그 빛나던 날의 회억이 매달려 있는 나무. 그래서 그의 전설이 깃든 월계관수 月桂冠樹. 손기정을 만나 이 땅에 뿌리를 내렸으니 꼿꼿한 그 모습으로 오래오래 무성하거라. (2004)

양화진 외국인묘지

개신교 역사와 함께해 온 나무가 있다. 양화진 외국인묘지에 서 있는 느티나무다. 그 나무는 1백여 년 전, 이 땅에 복음을 들고 온 선교사들을 만남으로써 남다른 역사를 이루어냈다. 시골의 정취를 느끼게 하는 나무는 아니어도 150세라는 수령으로 봐서는 아직 든든할 수세인데, 밑동 전부가 커다랗게 구세 먹었다. 우레탄폼으로 메워진 것을 보니 외과치료를 받은 흔적이다.

지금의 '양화진 묘지' 정식 명칭은 '외국인묘지공원'이다. 마포구 합정동 145번지. 합정동 로터리에서 찾아갈 수도 있고, 강변로에서 '절두산순교기념관'이라는 이정표를 따라 들어설 수도 있다.

양화진은 예전에 경기도 이북과 한강 남쪽을 잇는 중요한 나루터였고 군사적 요충지이기도 했다. 1839년 대원군이 새남터에서 시작한 천주교 박해가 1866년 병인년에 1 만여 명의 천주교도를 학살한 양화진 처형으로 이어진다. 사람의 목숨이 터가 된 그 위에 천주교에서는 병인박해 100주년을 기해 절두산 성당을 지었다.

지금은 지하철 2호선을 사이에 두고 천주교와 개신교의 성지가 마주보고 있으니, 어느 누가 짐작이나 했을까. 서양을 배척하고 천주교도들을 처형한 그 양화진 나루터를.

양화진 언덕에 개신교 선교사들의 무덤자리를 만든 것은 1890년이었다. 1884년. 하나둘 복음을 들고 왔다가 바람 사나운 양화진 언덕바지에 묻히더니 이제는 그 많은 선교사들이 이 언덕에 누워있다. 국적은 달라도 이 땅의 복음을 위해서 왔다가 이 땅에서 삶을 마치신 선교사들이다.

천천히 묘역을 둘러본다. 묘비들이 한 눈에 보인다. 그것은 흐르다 멈춘 시간이리다. 시간이 멈춘 공간. 역사 속으로 들어 와 있는 느낌이다. 묘비마다 죽은 날짜와 세상에 태어난 날이 적혀있다. 먼저 가고 나중에 간 날짜가 무슨 소용이 있을까마는 살아 있는 자들을 위해서였으리라. 그들은 문명의 혜택 속에서 살았고, 보장받는 미래도 있었다. 박사학위, 대학 교수, 영달로 통하는 그 모두를 마다했다. 풍요로운 조국과 정든 고향, 그리고 가족을 등지며 몇 달씩 배를 타고서 본 일도 들은 일도 없는 조선 땅으로 온 것이다. 의료사업과 교육사업을 일으키며 선교활동을 했고, 이 땅의 문명화를 위해 헌신했다.

그때, 이 땅은 참으로 살기 힘든 곳이었다. 여름에는 빈대나 벼룩,

겨울에는 이들에 시달렸다. 오두막 흙바닥에서 비위생적으로 살았으며, 장질부사나 이질에 걸리고, 천연두를 앓다가 세상을 떠난 사람이 부지기수였고, 일본 경찰의 고문은 또 얼마나 혹독했던가.

신학문을 전하려고 공부할 아이를 구하려 다녔지만 양이들이 잡아먹는다고 누구도 서양사람들에게 아이를 맡기려하지 않았던 그런 시절, 그렇듯 낯설고 힘겨운 이 땅에 무엇을 보고 목숨을 바치려했을까. 자기 나라로 돌아가 임종을 하고도 조선 땅을 못 잊어 시신으로 다시 와서 묻히기도 한 선교사들도 있었다.

오늘 따라 묘지 전체가 시원스레 보인다. 눈여겨보니 한 젊은이가 벌초를 하고 있다. 그 손길이 지날 때마다 묘지가 말끔해진다. 다른 한편에서는 오래된 보도블록을 새로이 바꾸고 있다. 다가오는 광복절 행사를 위해서 묘지를 다듬고 있단다. 그때에야 외국인 독립유공자 묘지와 선교사 묘지가 함께 있다는 게 생각났다.

'독립유공자 헐버트박사 52주기 추모식' 이라고 쓰인 현수막이 나무 사이에서 펄럭이고 영국인 신문기자로 왔던 '배설裵說선생의 제92주기 추모대회' 라고 쓰인 또 하나의 현수막을 아까 벌초하던 청년이 나무와 나무 사이에 끈으로 비끄러맨다. 언론인 단체와 우리 정부, 그리고 영국대사관에서 관리하고 있어선지, 그의 묘비 앞에는 늘 꽃이 놓여 있었다. 양화진 묘지에서 제일 큰 비석이 서 있는 묘지이기도 하다. 묘비의 크기와 생전의 공적이 꼭은 비례하지 않겠지만, 이곳에 오면 왠지 쓸쓸해진다.

양화진에 올 때마다 가슴 아픈 일이 또 있다. 어린아이들의 묘에 세운 표석이다. 이름과 태어난 날과 죽은 날이 쓰여 있기도 하지만 대부분 구획도 없이 묘석만 세워둔 곳이 많다. 어느 곳에는 모서리 한쪽이 깨진 작은 십자가가 서 있다. 부모를 따라 왔다가 이 땅에서 죽은 여덟 살 소녀의 이름을 나는 물끄러미 바라본다. 6 · 25 전쟁의 상흔이랄까. 총탄에 부서진 자국도 남아있다. 묘비들은 작거나 크거나 풍상의 내력이 역력했다.

결코 그 아이들이 선택한 이 땅이 아니련만 부모를 따라와서, 아니면 이 땅에서 태어났기에 이 땅에 묻힌 수십 명의 아이들. 숨져간 그 애들이 애처롭지 않은가.

구세군으로 왔다가 꿈을 펴기도 전 노방전도를 하다가 넉 달 만에 병으로 숨진 스물다섯 살의 청년. 고아의 아버지로 일생을 바친 일본인 소다曾田 선생. 그는 양화진 언덕에 누운 유일한 일본인이다. 최초의 의료선교사 알렌은 나중에 본국으로 돌아가 병원을 개업했지만, 당뇨로 두 다리를 절단했다. 고향을 떠난 세월이 길다 보니 아는 사람도 없이 쓸쓸하게 생을 마쳤다. 언더우드가문의 예스런 묘비도 있다. 언더우드 부부, 맏아들부부, 맏손주며느리 등, 삼대가 있고 아직도 이 땅에서 살고 있는 가족들이다.

섬김을 받으러 온 것이 아니라 섬기러 왔다는 아버지 아펜셀러와 그의 아들. 그리고 딸 셋이 이 땅에서 6 · 25를 겪다가 세상을 떴다. 아펜셀러 묘지 바로 옆에는 허물어진 땅에 강바람에 깎인 화강암 비석만 덩그러니 놓여있는 곳이 있다. 기포드(Gifford Hayden)부부의 묏자리이다. 언더우드와 함께 백년도 훨씬 전 내가 출석하고 있는 서

교동교회의 초석이 된 선교사였다.

수없이 많은 역사가 잠들어 있는 이곳을 오늘의 양화진 묘지로 있게 한 선교사가 있다. 왕실에서 고종임금의 옥체를 돌보던 의사 헤론이다. 콜레라로 죽어 가는 수많은 환자를 살려냈지만 정작 한여름에 그가 이질로 죽고 나니 그에겐 한 평의 누울 만한 땅도 허락되지 않았다.

민간에서는 외국인 시신을 묻으면 재앙이 내린다는 두려움으로 땅을 팔지 않는데다가 왕궁에서 30리 안쪽으로는 묘지를 쓸 수가 없었다. 7월의 더위는 시신을 빨리 부패시켜 어쩔 수 없이 헤론이 살던 집 뒤뜰에 묻기로 했지만 마을 사람들의 반대로 그조차 할 수가 없었다. 알렌선교사의 주선으로 어렵게 허락 받은 땅 양화진. 도성에서 멀리 떨어진 그 언덕이 선교사 묘지의 시초가 된 셈이다.

"한 알의 밀알이 땅에 떨어져 죽지 아니하면 땅에 그대로 있고 죽으면 많은 열매를 맺느니라." 긴 세월 비바람에 깎여 알아보기도 쉽지 않은 비문을 한 글자 한 글자 가슴에 새겨본다.

느티나무 위로 부서져 내리는 햇살이 참으로 눈부시다. (2001)

정이품송의 혼례식

속리산 법주사 입구에는 혼례식을 올린 나무가 있다. 우리 땅에서 가장 지체 높은 나무. 세조대왕의 속리산 행차 길에 어가御駕인 연이 나무에 걸리자 스스로 나뭇가지를 들어올렸다는 나무다. 그 때가 1464년이었고 임금은 소나무의 충정을 기려 옥관자를 걸어주고 정2품 벼슬을 주었다. 지금으로 치면 장관급이다. 속리산 정2품송이라 불리는 그 나무다.

그 소나무는 지난 해 강원도 산골에서 신부를 간택하여 맞아 들였다. 일찍이 없었던 일, 새삼 혼례식을 올린 정이품송이 궁금하고 이 나이 많은 신랑 모습을 눈으로 보고도 싶었다.

그날따라 안개가 자욱했다. 아침에 깔린 안개쯤이면 낮볕에 걷힐 법도 한데 한나절이 가고 하루해가 기울건만 빛결이 다 숨었는가 햇무리조차 볼 수 없다.

어디쯤 소나무가 있을까. 구름 안개 속을 더듬거린다. 거므끄름한 실루엣이 보이고, 그 정수리에 까마귀 두 마리가 날개를 접고 있다. 어둑하고 칙칙한 실루엣이 전신주 높이만큼의 거목으로 다가선다. 홀로 덩실하다.

마음속에 그려진 소나무는 밝은 햇살아래 서 있는 단아한 모습이다. 외줄기로 곧추선 가지에 곁가지가 사방으로 드리워서 수관이 아름다웠다. 첫 만남은 사진으로 보았고 그 후 두어 번 더 왔었다. 나무에 얽힌 전설이 흥미롭기도 했지만 그 나무에 대해서 상세히 알고 싶어서였다.

정이품소나무. 나직이 불러본다. 구름이 밀려가듯 안개가 움직이고 있다. 형체가 서서히 드러나 보인다. 비록 한 쪽 가지가 쇠잔하여 부러졌다 해도 의연한 모습으로 그 위용을 갖추고 있다. 거북등 모양으로 갈라진 적갈색 수피, 굵은 가지마다 쇠 파이프에 의지하여 그 큰 둥치를 기대 서 있는 모습은 수백 년 온갖 풍상을 견뎌온 흔적이리라.

천연기념물 103호로 지정된 이 소나무는 용문산 은행나무와 함께 우리나라 대표적인 명목名木이다. 높이가 15미터, 둘레가 45미터. 사방으로 고루 퍼진 가지가 알맞게 아래로 드리워져 삿갓을 닮았다 하고, 우산을 펼친 것 같다고도 한다.

임금님께 벼슬을 내려받아 많은 사람들의 굄을 받았던 나무. 외로움을 염려해 후대의 사람들이 혼례식까지 치러주는 나무. 하지만 6백 년의 세월을 겪으면서 어찌 어려움이 없었을까. 어른 품으로 네 아름이 넘는 밑둥 전부가 외과 시술을 받았으며, 1982년에는 솔잎혹파리를 막기 위해 방충망을 써야했고 1993년 봄에는 태풍으로 가장 큰 가지가 부러져 대칭적이었던 정이품 소나무로써 아름다운 수형을 잃어버리고 말았다.

넓은 보호구역을 만들어 철책을 두르고, 소나무 가까이 있던 길을 우회시키며, 수세를 회복시키고 혈통을 유지하기 위한 많은 노력이 있었지만, 크게 성공하지 못했다. 그래서 인공씨받이를 하기로 했다. 그것이 지난해 5월에 거행된 혼례식이었다.

정이품 벼슬은 당시 시대 상황으로 높은 품계였으므로 그에 어울리는 신부감을 물색해서 씨받이를 해야만 했다. 우리나라 대표적 미림

美林인, 강원도 삼척에 있는 조선 태조의 5대조인 준경능濬慶陵에서 신부감을 간택했다. 신부나무의 키는 거의 40미터나 된다. 어른들의 전통 혼례식을 본떠 정이품송과 신부목인 준경 소나무를 대리하여 해당 지역의 초등학교 6학년생을 대리 신랑 대리 신부로 선정해서 혼례식을 치렀다. 나무를 의인화하여 혼례식에 의한 나무간의 교배행사를 적은 기록은 세계적으로도 찾을 수가 없다고 한다.

풍물을 시작으로 청·홍초 불 밝힘, 그리고 전안례奠雁禮, 교배례交拜禮, 꽃가루함 전달, 신부목(수형목)까지 운반 했으며 방합례(교배, 가루받이) 등 다채로운 순서가 진행되었다. 정이품 소나무의 혼례를 제안하고 주관했던 임업연구원 최완용·한상억박사를 찾아 자상한 설명을 듣고서야 이해를 할 수 있었다.

"소나무 교배가 있는 이듬해 봄 수정되어 가을에 씨앗을 땁니다. 이렇게 얻은 씨앗은 반은 신랑 정이품 소나무, 나머지 반은 신부로 간택된 소나무의 혈통을 이어받게 됩니다. 자연의 섭리로 얻은 혈통의 씨앗으로 어린 나무를 길러 속리산은 물론 독립기념관, 현충사 등 역사적 의미를 지닌 장소에 심으려 합니다."

이런 혼례행사 이전에 아들나무子木가 없었던 것은 아니다. 정이품 소나무 둘레에 네그루가 자라고 있다. 충북 산림환경연구소에서 1981년 씨를 발아시켜 자목을 심었으니 벌써 20년이나 자란 셈이다. 정이품 소나무처럼 위로 치뻗지 않고 밑동에서부터 여러 가닥으로 갈라져 다보록하게 떨기졌다.

정이품 소나무를 닮지 않은 이유가 있다. 소나무 종류는 한 나무에

서 암꽃과 수꽃이 따로 핀다. 정이품송의 꽃가루로 암꽃에 가루받이가 되는 경우가 있으나 소나무의 특성상 자식약세自殖弱勢, 자기 꽃으로 가루받이가 되면 씨앗이 잘 형성되지 않거나 형성된다 해도 좋은 나무로 자랄 수 없단다. 또 하나는 주변의 혈통이 좋지 않은 다른 소나무로부터 가루받이가 되었기 때문이다. 그런 연유로 해서 특별히 씨받이를 해야만 했다.

아들나무만 있는 것이 아니다. 정이품 소나무에게는 오래된 조강지처도 있다. 외속리면 서원리 밭 가운데 살고 있는 정부인소나무다. 정이품소나무가 서 있는 내속리면에서 7킬로 남짓 떨어진 곳이다. 정부인 소나무는 울퉁불퉁하게 악마디 지지 않고 짙푸른 가지가 서로 얽히듯 옹골차게 맞자랐다. 땅에 닿을 듯 굵은 가지들이 늘어져 있는 모양이 팡파짐하고 둥시런 조선 치마폭을 펼쳐 놓은 듯 팔방으로 가지를 뻗어 넉넉한 품새다.

정부인 나무의 생김새가 두 가닥으로 갈라져 가장귀졌는데 그 모양새가 여성의 샅을 닮았다 하여 암나무라 하게 되었고, 정이품소나무와 멀지 않은데다 나이 또한 비슷해서 언제부터인가 그곳 사람들은 그 두 나무를 내외지간으로 인정하게 되었다. 정이품소나무 출사에 얽힌 이야기에 비하면 참 소박한 인연이다.

정이품소나무가 까칠하고 거푸시하다면 정부인 나무는 잔가지 서너 개 부러진 것 외엔 구새먹은 데 없이 윤기 자르르하고 청정하다. 마침 그곳을 지나는 마을 어른 한 분이 말을 건넨다. 정이품 소나무에 비하면 정부인 나무가 아주 튼실하고 싱싱하다고 했더니,

"남자는 열심히 돈 버느라 고생해서 병이 났구먼유."

라고 대답하자 옆의 아주머니가 비튼다.

"아니지유. 그 남자 얼마나 착한감유. 마누라 잘 건사해서 안 늙게 했으니 고맙지유. 근데유…, 둘이 금실 좋게 잘 살고 있는디 웬 시앗이래유?"

동갑나이 배필로 6백년을 해로하고 있고, 20년 기른 자목도 있는데 굳이 혼례식을 올리고 씨받이를 해야만 했느냐는 그 물음이 명치에 걸렸다.

소나무가 태어나서 50~100년에 이르면 가장 왕성한 생식작용이 이루어지게 되며 2백~3백년이 지나면 생식능력이 극히 저하된다. 그래서 건강한 후세를 위해 장령기 신부인 준경능 소나무를 맞게 된 것이다. 정이품소나무는 꽃가루 채취과정에서도 노쇠하여 인공가루받이에 어려움이 컸다. 정부인나무는 가문과 혈통을 위해 굄을 잃고 냉가슴을 앓았을 것인데 강새암이라도 부렸는지 묻고 싶다.

나무에게 벼슬을 내릴 수 있었던 우리 조상들. 인간과 자연이 둘이 아니고 하나라는 생각으로 사랑을 기울이며 서로 교감할 수 있었을 것이다. 씨받이를 해서 아들나무 손자나무를 만들어 보존하려는 것은 그에 깃든 정서를 계승하고 문화와 역사를 존속시키고 싶어서일 터이다.

이런 생각을 해본다. 정이품소나무가 조금은 외롭더라도 인적이 드문 곳에 살고 있었더라면, 아니면 유명세를 물지 않는 어느 사찰에 서 있었더라면, 지금보다 훨씬 청정했을 것이며 오염되지 않는 자연을 벗삼아 단아한 수세를 지니며 천년만년 살지 않았을까.

고목이 쓰러지면 묘목이 돋아 자라는 법. 살아 있는 전설이며 숨쉬는 고전일 정이품소나무는 우리 안에, 모든 사람들의 가슴속에 남아 있을 것이다. (2002)

잔다리 느티나무

수화기를 들었다. 한동안 뜸했던 영철이의 목소리다. 이런저런 이야기를 나누다가 언제나처럼 그 나무 잘 있느냐고 묻는다. 영철이가 말하는 '그 나무'는 우리교회 마당에 서 있는 한 그루 느티나무 고목을 말한다. 유년부에서 고등부까지 잘 마친 영철이는 대학을 실패하고 교회를 떠나더니, 이따금 소식을 전하곤 한다. 그리고는 꼭꼭 그 나무의 안부를 묻는다.

느티나무 아래서 뛰어 놀던 때가 벌써 20여 년이 지났건만, 추억 속의 아이들은 나이를 먹지 않는지 아직도 그때의 꿈을 꾼다고 한다. 그 애의 의식 밑바닥에 어릴 적 정서가 안개처럼 서려 있다가, 문득 느티나무 마당으로 나서고 싶은 충동을 느끼게 하는가 보다. 예배당

안을 기웃거리던 느티나무와 그 사이로 아이들을 내려다보던 낮달. 그런 것들이 가슴 밑바닥에 그림자져 있어서 곧잘 화제에 오르곤 했지 싶다.

봄이면 굵고 가느다란 줄기에서 어김없이 피어나는 연둣빛. 그 여린 싹의 강인한 의지. 크고 우람해서 너른 마당 전부를 감싸고 하늘을 떠받들고 선 늠름한 모습. 가꾸는 이 없어도 햇볕과 바람과 비로써 해마다 커 가는 나무. 비 개인 뒤에 더욱 푸르게 보이는 하늘과 나무 잎새들. 빈가지 황량해지면 가지마다 쏟아져 내리는 빛나는 햇살. 하늘 우러러 팔 벌리고 기도하는 나무였다.

계절의 순환은 눈에 보이는 변화일진대, 나무가 크는 것을 눈으로 본 일도 없고 그 나무 자라는 소리를 들은 일이 없어도, 정체하지 않고 쉼 없이 성장하여 온 나무.

우리에게 그늘과 바람을, 그리고 새들의 지저귐을, 계절이 오고 떠남을 알게 해주었고, 어느 누구의 힘으로도 이룰 수 없는 자연의 섭리를 깨닫게 해 주는 느티나무였다.

때로는 사람들의 일로 마음이 상할 때에도, 그 나무에 기대서면 아픈 마음 사그라든다. 지친 몸 쉬고 싶어 그늘에 앉으면 나무는 내게 바람으로 다가와 살며시 다독여준다.

여러 해 전이다. 성글게 돋는 때늦은 잎새가 봄이 가고 여름인 것을 잊은 듯 침묵을 지키고 있었다. 하루가 다르게 기운을 잃어 가는 것이었다. 가지에 찬바람이 스치는 어느 날에야 그 나무가 게으름을 부리는 것이 아니라, 병을 앓고 있음을 알게 되었다. 나무병원의 진단으로

질척거리는 마당을 시멘트로 덮어버린 것이 이유라고 했다. 뿌리 근처에 덥힌 시멘트를 부숴 뜯어내고, 먼 들녘에서 생기로운 흙을 실어다 뿌리 가까이 객토를 했다. 그리고 링거를 매달았다. 겨울이 지나고 이듬해 봄을 넘기면서 나무는 서서히 생기를 찾기 시작했다. 잃었던 푸르름을 다시 볼 수 있었다. 유치원에 드나들던 아이들도 그 그늘 아래 모여들었다.

10월 셋째 주일이면 창립 104주년이 된다. 1896년 선교사 언더우드 씨와 기포드씨 그리고 잔다리마을 사람들 20여 명이 모여 올린 예배가 잔다리예배당의 시작이었다. 잔다리라는 우리말 지명이 한문으로 세교리細橋里였으니 세교리교회라 했고, 1946년 서교동으로 개칭되면서 오늘의 서교동西橋洞교회로 불리고 있다.

일제 강점기와 6 · 25, 그리고 숫한 격변기를 겪으면서 찬 서리 몰아칠 때도 흔들림 없이 제 자리에 서 있는 나무. 무엇을 보고 무엇들을 들어 왔을까. 지금 저 나무 아래에는 창립 100주년에 즈음해서 세운 6 · 25때 순교하신 주재명목사님의 순교비가 있다.

고개를 들어 나무를 바라본다. 문득 시간이 멈춘다. 그 나무에는 코흘리개 시절의 아이들이 있고, 공을 차며 나눠먹던 아이스크림의 달콤함이며, 성경암송을 했다고 나무 둘레를 뛰어다니며 뻐기던 모습들. 나무 뒤에 숨어 살며시 얼굴을 내밀어 보다가, 화들짝 뛰어나와 놀라게 하던 일. 유난스레 장난이 심해서 애를 먹이던 또 다른 아이. 그만 그만한 또래의 우정을 길러주던 그늘이었는데.

농부의 발소리가 푸성귀를 크게 한다는 말처럼 아이들의 발자국 소

서교동교회

리를 들으며 잎새가 돋았을 것이고, 그 애들의 웃음소리를 들으며 작은 가지는 더 큰 줄기가 되었을 것이다. "저 나무는 누가 심었어요". 라고 묻던 영철이에게 이제는 일러줄 수가 있겠다. 잔다리예배당이었을 때 시무하신 라장노님께서 심으신 내력을. 지금 우리교회에 중년이 된 그 분의 손자가 출석하고 있어 얼마 전에야 그 이야기를 들었으니, 나무나이는 교회의 나이보다 조금 적은 90년쯤 될 것이라고.

설사 지금은 교회출석을 잊고 있다 해도, 어느 날 불쑥 내게 전화를 해서 나무의 안부를 묻는 것처럼, 오래되어 낡고 헐었어도 손에 익숙한 장갑처럼 편안한 마음으로 그 나무를 찾아 올 것이다. 어찌 꼭 어린 시절의 나무만을 보고싶다할까. 그의 맘속에 새겨진 말씀을, 그의 가슴에 남겨진 노랫말을 자신도 모르게 흥얼거리고 있을 터이다.

나무를 떠올리면 교회 마당을 떠올릴 것이고, 여름성경학교를 마치고 보았던 비 개인 하늘의 무지개랑, 지난 날 함께 손잡았던 동무들과 나무 옆을 지나던 꾸부정한 어른들의 모습까지. 그의 가슴 빈자리에 그림자 드리운 나무처럼 그 순간에서 정지된 모습으로 남아 있을 것이다.

어느 순간에는 멎었던 필름이 다시 돌아가듯, 천천히 움직이기 시작하면 그가 뛰놀던 마당이 궁금해서, 그 나무 밑이 그리워서, 그는 찾아 올 것이다. 그리고 한 아름이 넘는 나무를 쓰다듬기도 할 것이다. 제 자신이 변한 것처럼 커 버린 나무를 올려다보며 회상에 잠길 것이다. 엊그제도 영철이는 그런 마음으로 내게 전화를 했을는지 모르겠다.

구름이 지나고 하얀 조각달이 머물던 가지들. 녹음 짙은 가지마다 가을 하늘을 담뿍 안고 있다. 오늘도 햇볕 가득한 마당에 무지개 빛 색감으로 눈이 부시게 서 있다. (2000)

2

못다한 이야기

벗은 나무의 동화

어디서 보았을까. 꿈속에서였을까, 저렇게 설피게, 그것도 뭉툭뭉툭 잘리고 나니 어디선가 보았던 아, 바로 그 나무!

드나드는 길목에서 늘 만나는 플라타너스 한 그루가 있다. 잎새 무성할 때는 별 관심이 안 가다가도, 잎을 다 떨구고 나면 눈길을 끈다. 벗은 나무를 볼 때면 겨울이 더욱 추워진다.

나무 아래는 좌판이나 광주리를 놓고 물건을 파는 아주머니 두셋과 노인 한 분이 앉아 있다. 비닐 주머니 안에는 푸성귀나 마른 곡식이 들어있고, 그 옆 넓적한 그릇에는 인절미며, 시루떡 같은 게 담겨 있다. 가끔씩 절기에 맞는 먹거리가 놓일 때도 있지만, 대개는 연중 내내 비슷한 것들이다.

해질녘 그 곳을 지나게 되면 곡식이나 푸성귀를 사 들고 올 때도 있지만, 떡 파는 노인 앞에 자주 멈추곤 한다. 더울 때는 팔다 남은 떡이 쉴 것 같고, 찬바람 일면 손이 시릴 것 같아서다.

험한 손길과 굽은 허리, 햇볕에 그을린 주름진 얼굴. 나물거리 이름이나 어떻게 요리해 먹는지 묻기도 하며 말을 트고 지내는데도, 언제나 웃음기 없는 무심한 얼굴로 하늘을 쳐다본다거나 우두커니 앉아 떡이 담긴 쟁반만을 내려다보고 있다. 떡을 살 때마다 내 가슴에 아픔이 번져오는 것은, 고단한 삶의 파장이 전해와서 일까.

그런데 엊그제 일이다. 나들이 다녀오던 한낮, 나무 아래 으레 있어야 될 좌판도, 아주머니들도 보이지 않았다. 대신 사다리차에 올라 탄 어떤 사람이 그 나무를 자르고 있었다. 전기사고를 막기 위해 봄이 오기 전 나뭇가지를 자른다고 한다.

뚝뚝 잘린 가지가 발 앞에 떨어진다. 그걸 집어 드니, 차갑게 느껴지는 표피와는 달리, 손끝을 타고 전해오는 따뜻함이 가슴으로 스민다. 좀 전까지 뿌리 아래쪽에서 줄기 속으로 올려 보냈을 수액이 내 혈관으로 흘러드는 것만 같다.

잘린 나무모습을 한참동안 바라보다가, 수북이 쌓인 가지를 뒤로하고 걸음을 옮겼다. 발길이 무겁다. 모퉁이를 돌아서다 말고 뒤를 돌아보았다. 그리곤 나도 모르게 아!…… 소리를 내며 그 자리에 서고 말았다.

가지를 치던 사람은 가 버렸고, 그 나무는 굵은 가지 몇 개만 남은 채 변신한 모습으로 덩그러니 서 있는 것이다. 나무가 추울 것 같다.

저렇게 설피게, 그것도 뭉툭뭉툭 잘리고 말았으니.

“저 모습, 저 모습을 어디에서 보았는데…… 맞아.”

하루에도 몇 번씩 늘 보고 있는 나무 모습 바로 그것이었다. 그 나무는 우리 집 벽에 걸린 박수근 화백의 그림인 나목裸木이었다.

몇 해 전이던가. 어느 화랑이 그의 추모 전을 가지면서 원화 몇 폭을 판화로 제작한 일이 있었다. 판화를 좋아하던 나는 그 중 몇 점을 샀다. 「나무와 두 여인」, 「노상의 여인」, 「아기 업은 소녀」라고 이름 붙여진 작품인데, 그것을 바꾸어 가면서 안방 벽에 걸어놓고 있다.

나는 뛰다시피 집으로 들어왔다. 그리고 그림 앞에 앉았다. 회색 바탕의 두툼한 질감. 비록 입체감은 없지만 이끼 낀 화강암 표면 같은 작은 점으로 나타낸 화법. 황토색 섞인 산야가 보이고 잎 하나 남아 있지 않은 나무. 그 나무 아래서 무언가를 팔고 있는 아낙들과 애기 업은 소녀의 모습을 볼 수 있었다.

그림을 볼 때마다 소박하게 보이는 그들에게서 정감 어린 어머니를 만나고, 어릴 적 어머니 손을 잡고 따라간 저자 거리의 아주머니들과 살던 집 담장 옆에 서 있던 나무도 그 그림 속에서 볼 수 있었다.

그림은 여전했다. 나목 아래 앉아 물건을 파는 아낙도 애기 업은 소녀도. 들어오는 길목에서 만난 그 플라타너스가 그림 속의 나목이라는 것을 확인하는 순간, 아낙도 소녀도 그림 밖으로 걸어 나와 나에게 말을 걸었다. 등에 업힌 아이에게서도 칭얼대는 소리가 들려왔다.

그림 속 아낙은 길모퉁이에 선 플라타너스 밑의 여인이고, 떡장수 할머니는 내 유년시절의 친구 명자 어머니 모습이며, 애기 업은 소녀가 동생을 업은 명자라는 것을. 그런 생각에 잠기다보니 나도 모르게 눈시울이 뜨거워졌다.

함지를 머리에 이고 있는 아낙은 명자 어머니였다. 떡 사요---. 소리치며 종종 걸음 치던 그 음성과 모습이 눈에 보이는 듯하다. 제 어머니 치마꼬리를 붙잡고 끌리듯 따라다니던 명자, 마른버짐 핀 얼굴에 발그레 웃음 짓던 얼굴이 그림 속에 있다.

명자 어머니는 가끔 집에 와서 일을 도왔다. 그때마다 따라오는 명자는 나와 동갑이고 손이 맞아 잘 어울렸다. 명자 아버지는 여러 해

신병으로 누워 있다가 세상을 뜨고 말았다. 그래서 명자 어머니는 생계를 짊어져야 했고, 일곱 살 된 명자가 동생 둘을 돌봐야만 했다.

떡 함지를 이고 서둘러 나간 그 애 어머니는 해질 무렵에야 돌아왔다. 어쩌다 밝은 낮에, 빈 함지를 한 쪽 겨드랑이에 끼고, 또 한 손에는 깨엿이나 지푸라기로 매단 명태 따위를 들고 들어오는 날에는 골목 안이 환했다.

"엄니---"

명자는 제 어머니를 부르며 내 달았다. 그렇지 못한 날은 떡 함지를 머리에 인 채 기운 없이 돌아왔다. 그런 날이면 명자 어머니는 칭얼거리는 어린 것에게 젖을 물리면서 한숨만 쉬었다. 그리곤 저녁도 짓지 않고 왜 길에 섰느냐고 명자를 쥐어박곤 했다. 그날 저녁은 밥은 없이 떡으로 대신했다.

내가 학교에서 돌아오면, 명자는 늘 담장 옆 큰 나무 밑에 앉아 있다. 등에 업은 동생을 추스르면서 방금 집을 나온 시늉을 했다. 하지만 나는 안다. 이른 아침 토담 모퉁이에 서서 학교 가는 내 뒷모습을 먼발치로 바라보며 서 있었던 것을. 그리고 어서 내가 돌아오기를 고개를 내밀어 기다렸음을.

끼니는 물론 먹을 것은 매번 같이 나눠 먹건만 늘 허기져 하던 얼굴. 그 애 집을 이끌어갈 아버지의 부재가, 어머니의 행상이, 학교를 갈 수 없음이 언제나 마음을 텅 비게 했을 것이다. 그러고 두 해가 지나 우리는 그곳을 떴다. 명자네도 그 애네 외갓집으로 간다고 했다.

다시 한 번 벽에 걸린 그림을 바라본다. 아이를 업고 늘 누군가를 기다리고 있는 소녀의 모습에서 명자를 떠올린다. 그 소녀는 누구를 기다릴까. 행상 나간 엄마일까. 학교에서 돌아 올 친구일까. 아니면 일찍 여의었던 아버지일까.

그때 명자가 꽃을 좋아했다는 생각이 났다. 그러자 신기하게도 빈 나무 가지에 송이송이 꽃이 피어나기 시작했다. 그 꽃의 향기라도 맡겠다는 듯 그림 앞으로 바짝 다가갔다. 그런 후, 나는 아이를 등에 업은 소녀의 모습으로, 다시 나무 밑에 앉아 떡을 파는 아낙의 모습이 되기도 했다. 방에 어둠이 내릴 때까지 그렇게 앉아 있었다.

작은 나무가 자라 우람해지듯, 제 동생을 업고 어머니를 기다리던 단발머리 명자도 머리칼이 희끗거릴텐데, 그림 속에는 지나간 시절과 오늘이 어우러져 함께 만나고 있다.

길모퉁이에서 좌판을 펼친 아주머니와 떡 파는 할머니는, 화면에 그려진 우리 모두의 어제오늘이며, 전날 보았던 민둥나무인 플라타너스도 어릴 때 살던 집 담장 곁에 선 나무였을지도 모를 일이고. 나는 왜 그 플라타너스 앞을 수없이 지나면서도 우리 집 그림 속의 나무모습인 것을 진즉에 알아차리지 못했을까.

오늘도 나는 길모퉁이에 서 있는 프라타나스 앞을 지났다. 비록 곁가지는 잘려나가고 앙상한 둥치만 남았어도, 잘린 나무는 생명의 약속인 작은 눈이 있기에 겨울잠이 깨면 다시 잎을 피울 것이다.

험한 손길과 굽은 허리, 햇볕에 그을린 주름진 모습들이지만 그 나무 밑에서 세월을 딛고 꾸려 가는 여인들의 나날을 지켜보며, 그림 속에 살고 있는 내 추억 속의 나무와 아낙들, 그리고 명자를 떠올린다.(1999)

매화가지에 꽃댕기

오랫동안 접어두었던 월매이곡병月梅二曲屛을 다시 펼쳐놓은 것은 지난겨울 일본에 다녀온 뒤였다.

해묵은 굵은 둥치가 비스듬히 그려졌고, 굽은 등걸에서 뻗어 나온 가지에는 흰색 꽃들이 피어 있으며, 성긴 가지에는 자잘한 꽃망울들이 수줍게 매달려 있다. 그루터기에 핀 파르스름한 이끼는 예스러이 운치를 더하여 그윽한 향이 번져 오는 것만 같다.

지난해에 남편과 같이 일본 규슈의 작은 마을에서 하루를 묵게 되었다. 일찍 잠이 든 때문인지 자정이 지나 눈을 떴다. 방안이 환했다. 날이 밝았나 싶어 엷은 커튼을 젖히니, 창 밖은 고즈넉하고 사위에 달빛만 푸르다.

밤이 깊어질수록 어디선지 향긋한 내음이 방안 가득 새어든다. 슬며시 창을 밀쳤다. 잊고 지냈던 꽃내음이었다. 궁금한 마음 가눌 길 없어 남편을 깨웠다.

밖으로 나오니 저만큼 떨어진 비탈에 작은 텃밭이 있고, 그곳에 한 그루 나무가 서 있었다. 얼핏보기에 옥색 너울을 쓰고 있다 할까. 차갑도록 고결한 꽃 빛, 흰색 매화였다. 꽃잎 하나만 날려도 그 소리가 들릴 듯 가라앉은 밤, 매화가지에 비취는 담담淡淡한 달빛, 그 달빛 부서지는 소리가 들릴 것만 같다.

한참을 그렇게 서 있었다. 영혼에 스며드는 청향淸香, 그 해맑은 향기는 매화의 품격이며 묵언의 시詩일진대, 설혹 시린 바람이 지난다 해도 후회될 것 같지 않았다. 매화가지 흔들며 봄을 일구고 있을 것이기에. 떨어진 꽃잎 하나도 밟을 수 없어 살며시 주워들었다.

격이 있는 한 그루 매화를 늘 마음에 그리고 있었는데, 달빛 어린 매화를 만날 수 있었으니 그보다 더 귀한 일이 어디 있을까. 남편의 성화 때문에 방으로 들어오면서도, 행여 시새움으로 세찬 바람 일어 꽃잎 날릴까 돌아보고 다시 보며 걸음을 옮겼다.

처음 그 방에 들어섰을 때는 허술한 유리문을 보며 염려도 했었건만, 생각해 보니 밀폐된 현대식 건물이 아니었음을 다행스럽게 여겼다. 잠을 깨운 달빛과 꽃내음을 고맙게 여기며 매화를 노래한 소동파의 시구를 떠올렸다.

남해의 신선이 사뿐히 내려와
달밤에 흰옷 입고 와서 문을 두드리네

옛 선비의 풍류는 짐작만 할 뿐, 내 가슴에 고인 그 시정을 읊지 못하는 애석함으로, 새벽이 다하도록 매화나무를 바라보며 창가에 앉아 있었다. 아쉽지만 옷에 밴 향기와 달빛을 안고 돌아왔음을 만족하기로 했다.

이튿날 아침 식탁에 앉은 남편은 여관 주인에게 매화나무 칭찬을 아끼지 않았다. 그리고는 이것저것 내가 궁금해 하는 것들을 물어주었다.

이야긴 즉 이러했다.

그 마을에 사는 처자와 혼인을 한 가난한 젊은이가 처가에 와서 살고 있었는데, 새색시가 그만 병으로 세상을 떠났다. 딸을 낳으면 매화나무를 심자고 했던 언약을 떠올리며 열심히 일해서 모은 돈으로 작은 밭을 샀다. 그리고는 색시가 열일곱 해를 보낸 친정집에서 매화 한 그루를 가져와, 그 밭에다 심었던 것이다. 덧없이 피었다 지는 매화처럼 두 해를 살고 간 그녀를 기리며.

그날 이후, 매양 꽃 때가 되면 매화나무는 기약 저버림 없이 꽃으로 피어 그를 찾아오고, 그는 붉은 댕기를 꽃가지에 매달아 애끓는 정으로 그녀를 맞이한단다.

어젯밤 꽃가지에서 나풀대는 리본을 보았는데 바람에 날라 온 헝겊 조각인 줄 알았을 뿐 그런 사연이 있는 줄은 몰랐었다.

젊은이의 나이가 늘어갈수록 수형은 더욱 아름답게 다듬어지고, 꽃은 해를 거르지 않고 피고 졌다.

하루도 거르지 않고 와서 나무 둘레를 살피고 가던 그도 이제는 아흔을 바라보는 노인이어서 가끔씩만 다녀간다고 한다.

어디 늘 피어 있는 꽃과 견줄 수 있으랴. 다음 해를 기다려야만 만날 수 있을 것이니. 낙화를 바라보는 노인의 마음이 어찌 애달프지 않을까.

'매는 내 처요, 학은 내 아들' 이라며 평생 매화와 함께 살았던 중국의 임화정처럼, 그도 아내를 기리며 매화를 바라보고 살았는지도 모르겠다.

다른 나무처럼 쉽게 번성하지 않으니 고귀하고, 꽃봉오리가 활짝 피지 않아 단아하며, 해가 갈수록 그루터기에 격이 생기고, 찬 서리 이겨내 묵은 가지에서 꽃을 피우니, 그 성정을 절개의 상징으로 여인들에 비유되었으니 그 옛날 시인 묵객의 마음을 끌었던가 보다.

옛 여인들 또한 매화를 새긴 매화잠을 머리에 장식하며 일부종사의 미덕을 지켰다는데, 그 매화나무의 주인도 그런 마음이 아니었을까.

마을의 어느 나무보다도 먼저 꽃 소식을 전한다는 그 매화나무는, 그녀를 기다리는 님에게 어서 오고자 매화 가지에 봄을 실어 달려오는가 보다.

그가 돌보지 않았더라면 밭 어귀에 서 있을 한 그루 흔한 나무였을 테지만, 그 사람과 만남으로 해서 매화나무에 사연이 깃드니, 이렇듯 만남이란 아름다운 것인가 보다.

다시 봄이 오고 매화를 추억할 때면, 안방에 놓인 월매도月梅圖를 바라보며 그때의 매화나무와 가지에 매달린 꽃댕기를 떠올리게 될 것이다. (2000)

못 다한 이야기

사방을 둘러봐도 낯설지가 않다. 대나무 사이를 지나는 실바람 소리 때문인가. 아니면 쌍긋이 스치는 댓잎 내음 때문인지도 모르겠다. 하늘이 보이지 않을 만큼 우거진 대나무 사잇길을 하염없이 바라본다. 땅 위로 드러난 뿌리까지도 그 날과 똑같다. 한쪽으로 기운 대나무 가지를 들어올리다가 마른 끌텅에 구두 뒷 굽이 걸려 넘어졌던 기억도 되살아난다.

그때, 친구 영숙이네는 대 숲 끄트머리쯤에 있는 허름한 집에서 지내고 있었다. 그처럼 옹색하게 된 까닭은 5 · 16 군사정권으로 바뀌면서 고위공직자인 영숙이 아버지도 내침을 당하고 말았다. 결태질로 돈을 모은 일이 없었으니 외줄을 타 듯 버티는 것도 두 해. 끝판에는 일곱 식구가 좋은 살림 다 버리고 방 한 칸 얻어 나앉게 되었다.

영숙이와 한 살 위인 손위 오빠, 그 둘은 대학생이었지만 등록금은 생각 할 수도 없었다. 동생들마저도 언제 학교를 그만두어야 할 지 예측할 수 없는 나날이었다.

봄 학기 등록 마감이 지나면서부터는 게시판에 미등록자 이름이 나붙었다. 빗줄기에 글씨가 흐려지고 거친 바람에 찢겨지기라도 하면, 어김없이 하얀 모조지에 새로 적힌 붓글씨가 선명하기도 했다. 삼사일도 아닌 몇 날 며칠씩 영숙이의 이름은 게시판에 남아 있었다.

게시판 앞을 지날 때에도 끄덕 없던 영숙이가 며칠 째 소식 없는 날이 이어졌다. 때마침 미등록자에 대한 마지막 경고문이 가슴을 죄었다.

아이들을 가르치고 있던 나는 낮에 틈을 낼 수가 없었다. 날이 저물어서야 좁짱한 대나무 사잇길로 들어설 수 있었다. 칙칙한 숲에는 작은 새들의 깃을 접는 소리까지 아득히 들려왔다.

대나무 숲을 빠져 나와 영숙이가 살고 있는 집 머릿방 앞에 섰다. 어둠 속이었지만 마루에 웅크리고 있는 모습이 낯설지가 않았다. 토방에 놓인 신발들도 여느 때와 같았다. 다른 게 있었다면 영숙이 아버지가 항상 들으시던 라디오 소리가 그날은 잠잠했다. 불도 켜지 않은 방에는 정적만 감돌았다.

기척을 알아챈 영숙이가 마당으로 내려섰다. 치마 밑단으로 얼굴을 훔치는가 싶더니 불쑥 내 손을 잡아끌고는 대숲으로 들어갔다. 한참을 쭈그리고 앉아 섧게 울었다. 복받치는 슬픔이었다. 가끔씩 들리는 새들의 날개 짓 소리가 가슴을 서늘하게 했다.

"우리 오빠, 그끄저께 죽었어."

나는 잠시 망연했다. 다리가 후들거렸다.

"무슨 돈으로 약을 샀는지 몰라, 밥 먹을 쌀도 없었는데……."

울부짖듯 내 뱉는 말에 숨이 멎는 듯 했다. 영숙 오빠가 우리 집에 들른 것은 그 며칠 전이었다. 마주한 일이 두어 번 밖에 없어서였는지 놀랍기만 했다.

"저기, 부탁이 있어서……."

우물우물 말을 맺지 못했다. 한참이나 뜸을 들이고서는

"차비가 좀 모자라서…… 고향에나 다녀올까 해서."

어렵사리 말을 마치고는 두 손을 바지 주머니에 넣은 채 땅 바닥을 툭툭 치고만 있었다.

고향이라고 말하는 그곳은 영숙 아버지의 전 임지前任地이기도 했다. 그 즈음 생활이 하도 고단하니 살던 곳이라도 다녀오고 싶은 마음인가 보다고 생각했었다. 숫기마저 없어서 군색스런 소리도 못한다고 들었는데 오죽 갈 곳이 마땅치 않았으면 내게 왔을까. 빈손으로 돌아서게 할 수는 없었다. 학교 오가며 드는 버스 값 며칠 것이 가진 것의 전부였다.

어머니가 계신다면 어떨지 모르지만 집마저 비어있었다. 옆집이라도 들러보겠다고 했지만 괜찮다면서 어느새 골목을 벗어나고 있었다. 엉겁결에 방으로 들어가 책상에 놓인 만년필을 집어 들었다. 학교 갈 버스비는 하루치만 남겨두었다. 얼마라도 차비에 보탤 수 있을 것 같았다.

그 파이로트 만년필은 두 해 전 영숙이가 내 생일 선물로 준 것이었다. 빨강 색이었다. 영숙이처럼 밝고 화사했다. 만년필을 받을 때만 해도 무슨 옷을 입을까, 머리는 어떤 모양으로 할까, 그런 얘기를 환한 웃음 속에 담아냈었다.

잰걸음으로 골목을 빠져나가던 영숙 오빠는 그날 고향에 간 것이 아니었다.

40여 년이 지났다.

영숙이와 함께 걸었던 대숲을 나 혼자 걷고 있다. 눈앞에는 그 때와 똑 같은 길고 반듯한 대나무들이 우거져 있다. 햇살이 눈부시어 그럴까. 그 날처럼 어둡지도 않다. 대숲 끄트머리쯤에 있을 나지막하게 엎드린 작은 집 한 채도 보이지 않는다.

"니 오빠, 우리 집에 들렀었어. 내가 차비만 주지 않았어도……."

그 말을 아직도 하지 못했다. 그때는 어마지두에 혼겁을 먹어서였고 지난 이야기를 털어놔도 될 것 같은 나이가 되었을 때는 영숙이가 멀리 떠나 소식을 모르고 지내서였다. 언제쯤 못다 한 이야기를 나눌 수 있을는지.

오랜 세월 나를 힘겹게 했던 영숙 오빠의 죽음은 마음에 고여 있는 지난날의 아픔이다. 아직도 그 통증으로부터 자유스럽지 못한 것은 가끔씩 듣게 되는 젊은이들의 절명絶命이다. 그런 때면 "무슨 돈으로 약을 샀는지 모르겠어". 라고 목이 메던 영숙이가 불현듯 떠올라서다. 그리고선 오빠의 유품인 일기장을 읽었다면서 흐느끼던 모습도 함께 그려진다.

유명대학의 이름값도 못한다는 주변의 시선. 장남으로서의 무능함을 비관 했더라는 내용이었다. 생존의 터전을 찾으려 안간힘을 쓰지만 여전히 제 자리인 듯 여겨질 때가 어찌 없었으랴. 활달하지 못한 성격에다가 궁핍함을 모르고 자란 영숙 오빠에게는 막막했던 날들이 었을 것이다.

살아오면서 대나무를 만날 때면 그런 생각을 해본다. 대나무는 자라면서 일정한 간격을 두고 마디가 생긴다고 한다. 그때마다 잠시 성장을 멈춘다. 그런 과정이 없으면 빨리 자라 좋을 것 같지만 아니란다. 마디가 있으므로 거센 바람에도 끄떡없이 자신을 지탱할 수 있는 것이다. 일정한 간격을 두고 마디가 형성되듯 인내하며 기다리다보면 쓸만한 재목으로 성장한다는 것을 알게 되었다.

실바람이 지난다. 새떼들이 화르르 날개를 치며 날아오른다. 대숲에는 댓잎 쓸고 간 수런거리는 바람소리만 남는다. 다시 구두를 고쳐 신는다. 그 때처럼 대나무 베어낸 그루터기에 걸려 넘어질 뻔해서다. (2004)

아버지의 향기

그날도 꽃밭 손질을 하다가 손을 털고 일어나는데 실바람에 풍겨오는 우련한 꽃내음이 가슴에 닿았다. 어디설까. 스치는 향이 하도 기이하여 집밖으로 나와 이집저집 기웃거려 보았다. 돌아설까 걸음을 멈추는데 맞은편 집의 담장 밖으로 뻗은 가지 사이로 유백색 꽃이 눈에 들었다.

아, 저기. 저녁놀에 물들어가는 골목 안에서 막 피어난 태산목 꽃송이를 만난 것이다. 우두커니 서서 높은 담 너머를 하염없이 쳐다본다. 마치 어릴 적 옛집을 넘어다보듯이.

내가 유년시절을 보낸 집은 마당이 넓었다. 대문 옆 토담을 끼고 서 있는 살구나무에서 조금 떨어져 앉아 태산목이 자랐다. 봄을 지나 바람결이 다소 따뜻해지는 초여름이면 고동색 가지가 더욱 실팍해지고,

물이 오를 대로 오른 짙은 이파리들이 담 밖으로까지 제 풍성함을 자랑했다. 그런 다음에 그들 가지 끝에 깃봉처럼 탐스러운 꽃봉오리들을 달기 시작했다.

봉오리는 조금씩 부풀어 노르끼한 속살을 드러내다가, 어느 날 문득 두 손을 모둔 꼴로 살포시 벙근다. 그 모양새가 목련 비슷한데, 송

이가 보다 크고 향기도 훨씬 짙고 그윽하다. 또 하나 목련과 다른 점은 목련은 이른 봄 잎이 돋기 전에 꽃을 터트리는데, 태산목은 푸른 잎에 윤기가 자르르 흐를 즈음에야 꽃을 피운다. 우윳빛 꽃을 피울 때면, 뜰 안뿐만 아니라 인근에 널리 은은한 내음을 전한다.

울안은 태산목 말고도 일 년 내내 차례차례 따낼 수 있는 과일나무며, 당년초나 여러해살이 꽃과 초목들이 마당을 차지했다. 아이들이 담장에 올라앉아 앵두나 자두 따위를 제 손으로 딸 수 있게 아예 담장을 낮추었던 아버지의 자상함. 손을 뻗어 쥘 수 있게끔 잔가지를 아래로 처지게 키운 나무들에는 아버지만의 낭만과 배려가 담겼을 터였다.

이른 봄을 부르는 매화, 바람이 일 때면 눈발처럼 날리던 살구꽃, 오월이면 피기 시작하는 색색의 장미들. 대문에서 안채로 가는 목에 붉은 덩굴장미 터널이 지어져 있었다. 그 장미꽃 아치 그늘이 이따금 벌레가 떨어져서 어린 나를 놀라게도 했지만, 유일한 내 놀이터이기도 했다. 가을이면 마당 가득 가꿨던 소국, 중국, 대국, 현애 등, 여러 층의 탑 모양으로, 혹은 흘러내리는 폭포수처럼 그 자태를 뽐냈던 국화는 아버지의 자랑이었다. 어쩌다 국화 전시회를 갈 때면 여러 개의 꽃대궁이 키가 서로 가지런한가, 아래쪽 떡잎이 마르지 않고 본색대로 남아 있는가, 그렇게 더듬고 있으면 아버지의 음성이 귓전에 들리는 것만 같다.

충치 때문에 치과에 가기 싫다고 떼를 쓸 때마다 나를 업고 병원에 드나드신 일이며, 백일해를 앓아 자지러지게 기침할 때마다 선인장 즙을 내어 먹여주신 일. 소풍갈 때면 보온병을 가슴 쪽으로 어긋나게 멘 후 나를 자전거에 태워 오고가던 길목. 끝없이 이어지곤 하는 기억들이다.

아버지는 예순의 나이로 세상을 뜨셨다. 정읍 고부古阜에 있는 선산은 해 바르고 조망이 트여 눌 자리로는 나무랄 데가 없다고 하셨다. 그 아래 연지蓮池가 있어 누워서도 잘 보일 거라 하시더니 말씀대로 해마다 연꽃이 피는 여름이면 더없이 화사하다.

성묘를 갈 때마다 토몰방죽이 있는 산자락을 돌아설 때면 녹두장군의 이야기를 들려주시더니, 지금도 그 산모롱이를 지나면서는 그 옛날 아버지의 모습을 떠올리게 된다. 아버지가 돌아가시고 세월이 바뀌면서 우리 집 뜨락의 번영도 헤실바실해지고, 우리가족들도 모두 그곳을 떠나오고 말았다.

요즘에도 가끔씩 유년시절의 꿈을 꾼다. 아버지는 만날 수 없지만 태산목의 꽃향기는 가슴속에서 스러지지 않는지, 태산목이 필 무렵이면 어김없이 아버지 생각이 난다. 아버지가 쓰시던 손때 묻은 화분 몇 개를 우리 집에 두고 있다. 육각형 모서리에 매화가 그려진 것, 검고 둥근 것, 분재용으로 쓰던 운두 낮은 네모 분, 모두가 아마 70여년은 더 됐을 것들이다. 그 화분들에서는 지금도 생전에 아버지가 고이시던 남천南天이나 난, 그밖에 매화와 작은 꽃들이 피고진다. 이제는 가느다랗게 실금이 가기도 했지만 아버지를 그리는 마음으로 고이 간직하고 지낸다.

안타깝게도 지난여름에는 여행 일정 때문에 태산목 피어나는 시기를 놓치고 말았다. 그런데 우연히 실로 우연히, 그 여행길 파리에서 태산목을 만났다. 그날도 해질녘, 샹제리제 거리를 걸어가고 있는데 스치는 바람결이 예사롭지 않았다. 향긋했다. 아련한 꽃향기에 아버지를 느낀 것이다.

걷던 걸음 멈추고 하릴없이 길가를 서성였다. 여기저기 기웃거리며 누빈 것이 헛되지 않았음인가. 아, 바로 거기 골목어귀의 낮은 철책 사이로 태산목 두 그루가 나란히 서 있는 게 아닌가.

몇 송이의 유백색 꽃송이가, 서울에서와 똑같은 모양으로 피어 환하게 낯선 거리를 밝혀주고 있었다. 태산목 향기에 젖어 설렘 속에 바라보는 파리 하늘은 저녁놀이 곱게 물들어 가고 있었다. 가슴 깊숙이 잦아든 아버지의 향기는 국경을 넘어서까지 나와 함께 있으니 얼마나 경이로운 일인가. (1997)

내 안에 봄

꽃밭 나들이를 하게 된 연유는 이러하다. 시난고난 앓다보니 마음 속 소망마저 점차 빛이 바래지고 있을 때였다. 마음을 비운다 해도 조급해지는 마음은 어쩔 수 없었다.

그날도 오늘 하루를 어떻게 견디나 하는 심란한 마음이 가슴 속 가득 밀려왔다. 창 밖에는 꽃샘바람이 쌀쌀하게 불고 있었다. 불현듯 바람을 쐬고 싶었다. 두툼한 옷으로 채비를 마치고 도우미아주머니의 부축을 받으며 집을 나섰다. 참으로 오랜만이었다. 옷깃에 스미는 바람결이 오소소했지만 얼굴에 스치는 느낌은 상쾌했다.

해바른 양지쪽을 따라 몇 걸음 떼다보니 나도 모르게 꽃밭으로 들어서고 있었다. 내가 살고 있는 아파트 동棟 바로 옆에 있는 꽃밭이다.

아프기 전에는 자주 들렀던 곳이다. 인기척도 없고 소음도 들리지 않는 뜰. 봄날의 고즈넉함이 감돌았다. 어쩌다 새 두어 마리가 오종종 잔디밭에서 놀고 있는 게 전부였다.

사방을 둘러보니 눈에 익은 나무들이 제자리에 서 있었다. 벚나무의 일고여덟씩 무더기진 꽃망울들이 도도록했고, 떨기나무들도 물이 오르느라 수런거렸다. 침잠의 겨울을 쓸어내고 생명들이 소생하고 있었다. 잠시나마 눈을 돌려 움트는 나뭇가지를 바라볼 수 있음이 신기했다. 조금 전까지만 해도 심란했던 마음이 조금씩 녹아졌다

고개를 들어 하늘을 올려다보았다. 눈에 들지 않던 하늘의 색깔이며 구름의 모양이 눈에 들었다. 딛고 선 발아래도 겨울을 지낸 누르스름한 잔디밭이 봄 빛깔로 물들 준비를 하고 있었다. 언 땅을 비집고 나온 파릇파릇한 새싹. 경이로웠다. 다시는 못 볼 줄 알았던 계절의 순환이었다. 한없이 무기력한 내게는 돋아나는 새순이 충격이었다.

내 아픔만이 견디기 어렵다고 한숨쉬고 있을 때, 꽃들은 언 땅 속에서 해동하기를 기다려 흙을 비집고 움을 틔웠을 것이다. 어찌 하찮게 여길 수 있으랴. 우두커니 서 있는 지금 이 시간에도 쉼없이 싹을 틔우고 있을 것이다. 꽃들이라고 해서 그들이 겪는 아픔과 고통이 왜 없었을까.

잎새 하나 없는 빈 가지들도 눈앞에 있었다. 개나리 진달래 철쭉들도 봄을 꿈꾸고 있지 않은가. 바싹 마른 가지 어디에 힘을 실었다가 꽃을 피우기 위해 사력을 다하는 푸나무*들, 그 수세樹勢가 한없이 부러웠다.

잠시 꽃밭을 다녀 온 그날 이후, 가지마다 뾰조롬하게 움튼 새순이 눈앞에서 떠나지 않았다. 나도 그 새순처럼 생기가 돌고 변화를 가져올 수 있을까. 줄기가 튼실해지고 잎이 자라 듯 그렇게 좋아질 수는 없는 것일까. 푸나무들처럼 내 몸에 봄을 심고 가꿀 수는 없을까.

그렇게 여러 날이 지났다. 나를 비켜 간 줄 알았던 소망이 어렴풋이 보이는 듯했다. 나는 조물주가 지으신 고귀한 생명이다. 어찌하여 낙심하는가. 머지않아 푸나무들도 꽃망울을 터트려 삼라만상에 꽃 잔치를 벌일 것이고, 세상을 온통 수런거리게 할 것이 아닌가. 마음속에 도사리고 있는 어둠에서 몸을 추스르고 싶다는 의지가 생겼다. 그래, 내 안에 봄을 가꾸자, 그리고 꽃을 피우자.

궂은비나 스산하게 부는 바람이 아니고 햇살이 따습다 느껴질 때면 꽃밭으로 갔다. 새 생명이 피어나는 그들 곁에서 볕 바라기를 하고 싶었다. 오랜 시간 머물 수 없어 잠시 바람을 쐴 뿐인데도 가라앉았던 마음이 한결 나아지고 있었다. 쏟아지는 햇빛 속에서 흙냄새 풀냄새가 향기로웠다. 햇살 머금은 풀꽃을 손으로 어루만지기도 했다. 봄빛의 다습고 정겨움이 내 몸으로 전해왔다.

비록 짧은 시간이지만 내 처지에 맞는 최상의 나들이였다. 다른 이에게는 하찮은 시간일 수 있지만 내게는 그 짧은 시간이 몇 시간보다도 길고 소중했다.

날이 가면서 꽃밭에는 참 많은 꽃들이 피고 졌다. 합창을 하듯 피어난 개나리 벚꽃은 그 화사함을 뽐냈고, 풀꽃들은 약속이라도 하듯 싸목싸목 피고 졌다. 덤불 사이에서 핀 가녀린 제비꽃 한 송이도 나만을 위한 꽃으로 여겨졌다. 생명 있음이 감사했고 작은 기쁨이 큰 기쁨으로 느껴져 내 마음에 강물처럼 흐르게 했다.

봄이 이울고 있다. 아직 내 병고는 떠나지 않았지만 마음속 의지는 흙을 뚫고 소생하는 움처럼 생기롭다. 바라만보아도 기쁨이 생기고 감동을 느낄 수 있었던 봄 별 가득한 꽃밭. 잠깐밖에 누릴 수 없는 짧은 만남이지만 내게 소망을 주었던 푸나무들에게 어찌 감사하지 않으랴. 눈부신 봄 햇살은 축복이었다. (2009)

* 푸나무 (풀과 나무)

제비꽃 이야기

오가는 길목에 작은 꽃가게가 있다. 그 앞을 지날 때면 그냥 지나치지 못한다. 오늘도 그랬다. 수줍은 듯 다소곳하게 고개를 숙이고 있는 꽃 한 송이가 발길을 멈추게 한다.

한참을 들여다보고 있었더니 마음에 들면 가져가도 괜찮다면서 꽃가게 주인이 빙긋이 웃는다. 엊그제 고향을 갔다가 밭 둔덕에 핀 꽃이 하도 고와서 두어 포기 옮겨왔단다. 계면쩍어 멈칫거리는 내 손에 소꿉놀이에나 씀직한 앙증맞은 제비꽃 화분을 들려준다. 값을 치르려하니 한사코 손사래를 친다. 마침 베란다에 심을 꽃모종을 들이려던 참이라 몇 가지 부탁을 했다. 가게 주인은, 산야에서 자라던 꽃이니 설령 시든다해도 서운케 생각지 마라고 이른다.

제비꽃은 여느 꽃들처럼 꽃송이가 크다거나 화려하지도 못하다. 한 눈을 팔면 그냥 지나치고 만다. 꽃이라야 엄지손톱 크기만 한데다가 우부룩하게 모여 있기보다는 다문다문 피어있어서다. 그런 제비꽃이 도시 가운데로 옮겨왔으니 반갑기만 하다. 눈을 떼지 못한 또 다른 이유는 여러 해 전 약초를 뜯으러 고향으로 내려간 일이 있었다. 약효가 좋다는 제비꽃을 찾으러 일삼아 다니던 때가 있었으니 그때가 삼삼하다.

4월 중순이 좀 지났을까. 기왕이면 사람들 발길이 뜸한 곳을 찾아가느라 언젠가 눈여겨봐뒀던 윗동네로 가는 길이었다. 길 초입에 마침 시어머님 산소가 있어 무심코 올려다 본 등성이에는 뭔가 낯선 모습이 눈에 들었다. 엊그제 쑥을 뜯으러 갔을 때만해도 눈에 띄지 않았었는데, 궁금한 마음으로 등성이를 올랐다.

양지바른 봉분 옆으로 마치 커다란 바구니 하나씩을 엎어놓은 것처럼 둥그스름한 모양이 띄엄띄엄 있었다. 수 백 포기나 됨직한 제비꽃이 한데 어우러져 다보록하게 무더기를 이루었다. 한 두 군데가 아니었다. 밤새 비가 오셨다고는 하지만 참으로 기이했다.

여기 한 포기 저기 한 포기 토담 밑에 피어 있는 그런 제비꽃들이 아니었다. 일부러 손공을 드려도 그리 소담스럽게 가꿀 수는 없을 것이다. 검불 하나 묻지 않은 짙푸른 잎새가 튼실했다. 예사롭지가 않았다. 한 무더기를 캤더니 바구니에 가득 찼다. 여드레를 다니며 뜯었을 때보다 훨씬 많았다. 부자가 어디 따로 있을까. 욕심 같아서는 한 포기도 남김없이 다 내 것으로 만들고 싶지만, 나 아닌 다른 사람도 쓸 데가 있으려니 싶어 얼갈이를 솎듯이 조금씩 돌려가며 뜯고 남겨두었다. 그래야 다음 해 그 자리에서 다시 움이 틀 것이 아닌가.

하나하나 뜯은 제비꽃이 바구니를 채웠다. 꽉꽉 눌러봐도 더는 들어 갈 자리가 없었다. 오달졌다. 허리도 펼겸 손을 놨다. 잦아드는 햇살 아래 고즈넉한 정적이 흘렀다. 알 수 없는 것이 사람의 마음인가. 생각지 않은 횡재를 했건만 어쩐 일인지 가슴 한켠에 고여 있는 묵은 일이 떠올랐다.

정월에 해산하고, 두어 달도 못된 아기를 데리고 시댁에 갔을 때의 일이다. 산골바람은 을씨년스러웠다. 저녁상을 물린 뒤 아기를 눕히려고 이불을 펼 때였다. 시어머님은 이부자리라고도 할 수 없는 어린애 포대기보다 작고 허름한 것을 내게 던지며 "옛다, 널랑은 어린애 데리고 윗방으로 가거라. 애 오줌 싸면 이불 버린다. 애비는 오느라 고생했으니 여기서 잘 것이고…" 머쓱했다. 어마두지 애를 안고 윗방으로 건너갔다. 아랫방에서 방고래가 잇달린 방으로, 아궁지에서 멀리 떨어져 불기운이 제대로 들지 않으니 냉돌이나 마찬가지였다.

애기를 무릎에 눕히고 뜬눈으로 지새운 새벽 녘, 몸의 추위보다 가슴속의 냉기가 나를 더 춥게 했다. 아침을 지으러 부엌으로 나갔지만 서러움이 복바쳤다. 아궁이에 불을 지피는데 삭정이가 제대로 안 타

불이 내었다. 부석부석한 얼굴은 바람 타는 아궁이 때문에 눈이 매웠다고 얼버무렸지만, 스물여섯의 내 중정으로는 지난밤은 무슨 까닭이었는지 짐작 할 수도 없었다. 기저귀를 채운 아기였는데 어찌해서 요를 적신다고 하였는지 겉가량으로는 도무지 이해할 수 없어도 세월이 가면서 어림할 수 있었으니, 외아들 며느리가 내리 딸 둘을 낳은 죄가 아니었나 싶다.

끄느름하게 있었던 그 아픔이 바구니에 가득 담긴 풍성함을 보면서 서서히 녹여지고 있었다. 내내 여울져 흘러왔으니 오래 동안 지고 왔던 마음의 짐이었다. 해 저문 자락에서 무엇을 더 붙들고 있으랴. 새록새록 되살아나던 이런저런 사연들도 가뭇없이 지워졌는데, 내려놓자. 그날 밤 홀대받던 그 애기도 불혹의 나이가 되어 알토란같은 남매를 건사하며 재미지게 살고 있지 않은가. 아랫목에서 유난스레 코를 골던 젊은 남자도 이제 구부정해진 노인이다. 시어머님도 생전에 못다 전한 마음을 제비꽃으로 대신 전하시었고… 봄바람이 삽상하다. 올해도 고향에 내려가서 그날처럼 제비꽃이 그리 소담스럽게 피어있는지 보고 싶다. (2004)

꽃물들이던 저녁

하늘이 환하다. 모처럼 만에 날이 드나보다. 궂은 날씨 때문에 움츠리던 뜰의 꽃들이 활기를 되찾는다. 우중충하던 담장 밑 맨드라미가 한결 산뜻해졌다. 잎만 무성하던 분꽃 떨기도 노란색, 분홍색 꽃을 터뜨려 꽃밭이 싱싱하다. 분꽃 모종을 감나무 둘레로 옮길 때는 그늘질 것을 염려하였는데, 오히려 감나무의 넓은 잎이 양산 구실을 하였나 보다. 돌확 옆의 봉숭아는 반쯤 넘어져 안타까웠지만, 이제 꽃이 피는 것을 보니 괜찮을 것 같다.

이렇듯 우리 집 뜰에 자라는 꽃들은 제각각의 매력으로 한여름을 소담스럽게 수놓는다. 밥할 때를 알려준다는 분꽃의 소박함, 백날을 간다는 백일홍의 끈기, 잔망하지만 억센 생활력을 자랑하는 가지각색 채송화. 그런 가운데서도 봉숭아꽃이 필 때면 고향집이 생각나고, 지금은 안 계신 어머니가 몹시도 그리워진다.

어릴 때 내가 보던 어머니는 노상 모시옷을 즐겨 입었다. 해질녘이면 옥색 치마랑 세모시 저고리를 꽃밭에 널어 둔다. 잘은 모르지만, 밤이슬에 젖어 촉촉해지면 올새를 고르게 하고 곱게 다림질을 하기 위해서인 성싶다. 저녁상을 물리고 토방에 내려가면, 마당 한 가운데 놓인 평상에는 어느새 다림질이 끝난 옷들이 반듯하게 개켜져 있었다.

언니와 마주앉아 다림질하는 어머니는, 가끔씩 평상 멀찍이 다리미를 들고 가서 사위어가는 숯불을 부채질한다. 재가 하얗게 날리면서 불잉걸이 되살아난다. 어둠을 배경으로 하고 어머니의 얼굴이 붉게 비친다. 미처 사그라지지 않은 불티는 어머니 등 뒤에서 탁탁 튀며 별똥처럼 흩어진다. 화력을 되찾은 다리미는 다시 빨래를 잡고 있는 언니 쪽으로 미끄럼을 타듯 오르내리며 어머니와 언니의 얼굴을 번갈아 밝힌다.

다림질이 끝난 후에 어머니가 들려줄 옛이야기를 고대하며, 평상에 누워 바라보는 밤하늘에는 늘 별이 많기도 했다. 금방이라도 쏟아져 내릴 듯 가깝기만 해서, 손이라도 뻗으면 정말 잡히기라도 할 것 같은 그런 여름밤이었다.

언제 다림질을 끝냈는지, 어머니는 치맛자락으로 누워 있는 나를 덮어 주고 부채질을 해주었다. 그것이 좋아서 굳이 홑이불이 싫다고 어깃장을 놓기도 했다. 어머니의 냄새가 배어있는 치맛자락이 나만을 오롯이 감싸주는 때문이었으리라.

밤하늘의 별은 빈자리 없이 채워지고, 귓가에서 흐르는 꽃 전설은

졸음이 되어 귓불에 대롱거렸다. 그때 들은 봉선화 이야기가 아직껏 나의 심중을 울렁이게 하는 고전문학이었지 싶다.

옛날 우리나라 임금님이 나쁜 사람들 때문에 중국으로 끌려갔단다. 임금님은 다시 돌아오고 싶어서 날마다 잠을 못 자던 어느 날 밤, 손가락에서 피를 뚝뚝 떨어뜨리며 가야금을 타는 소녀를 꿈에 보았다. 꿈이 하도 이상해서 사연을 알아보았다. 그랬더니 그곳으로 잡혀온 우리나라 소녀 하나가 있는데, 봉숭아물을 들이기 위해 손가락을 싸매고 가야금을 탔다는 것이다. 그 소녀는 임금님이 이곳에 왔다는 소문을 듣고, 비록 자신은 못 돌아갈지라도 임금님만은 무사히 돌아가소서! 바라는 마음으로 밤마다 그렇게 가야금을 탔다고 한다.

그 후 임금님은 고국으로 돌아오게 되었고 돌아와서 그 소녀를 찾았지만, 그 소녀는 이미 죽은 뒤였다. 임금님은 그 소녀의 갸륵한 마음씨를 기리기 위해 궁궐 뜰에 많은 봉선화를 심게 했단다.

봉숭아꽃이 피기를 손꼽아 기다리던 초여름, 작은 꽃망울이 연두색으로 부풀기 시작하면 내 마음 덩달아 꽃술 벙글 때만을 고대한다. 그러던 어느 날 부풀대로 부푼 꽃망울이 빨간 입술을 살며시 열면 가슴은 마냥 뛰었다.

꽃이며 잎을 따서 그늘에 말리는 어머니를 쫓아 다니며 나는 또 묻는다. 빨간 꽃만 있으면 되는데 왜 자꾸 파란 이파리까지 따느냐고. 어머니는 꽃만으로는 물이 쉬 빠지기 때문에 이파리를 섞어야 물이

진하게 들고 오래 간다고 설명해 주었다. 하지만 좀처럼 그런 이치를 알아차리지 못한 어린 나였기에 해마다 어머니를 곤혹스럽게 했을성 싶다.

어머니는 이른 저녁을 끝낸 후, 미리 다져 놓은 꽃반죽을 손톱에 얹어놓은 후 어머니 손보다 더 큰 아주까리 잎으로 곱게 여며 실오라기를 둘러 꼭꼭 싸매주셨다. 잠을 자다가 행여 꽃반죽이 빠질세라 양손을 곧추 들어보지만, 허사여서 어느새 자버린다.

새벽같이 일어나 손끝을 만져본다. 지난 밤 싸맸던 봉숭아 반죽이 얼마나 고운 물을 들려놓았을까 얼른 보고 싶어서 아주까리 잎을 살짝 젖혀본다. 빨갛게 물든 손톱을 확인하는 순간 가슴이 마구 뛴다. 실로 묶었기에 가렵고 저린 손가락을 펴고 어머니를 부르며 쏜살같이 부엌으로 내닫는다. 시치미를 떼고 두 손을 내민다. 어머니는 손가락마다의 실들을 올올이 풀어준 다음 환히 웃으셨다. 그런 다음 언제나 내 등을 토닥여 주셨다.

담 너머에 사는 명자에게 가서 자랑하고 싶었지만 아직 해가 뜨려면 한참을 기다려야 했다. 나는 마당을 서성거리면서, 아침 이슬이 함초롬한 봉숭아꽃과 내 손톱을 번갈아 들여다보고 또 보곤 했었다.

어느덧 내가 그 옛날 봉숭아꽃 얘기를 들려주던 어머니 나이가 되어 내 집 뜰 의자에 나앉아 있다. 두 딸은 손톱에 꽃물을 들여 주던 시절을 잊었는지, 매니큐어를 더 바친다. 훗날 그 애들도 어른이 되어서 뒤뜰에 심은 아주까리씨를 받거나, 울밑에 봉선화를 가꾸며 한여름을 보내게 되려는지…….

간밤에 비바람이 몹시 불더니 봉숭아 꽃잎이 많이 졌다. 꽃도 줍고 잎도 따서 옆집 애기엄마한테 전해 줘야겠다. 꽃물을 어떻게 들이는지 모를 테니, 괭이밥 이파리 대신에 백반 가루를 넣고, 아주까리 잎이 없을 테니 비닐로 싸매어 주면 될 것이라 넌지시 일러주려니. (1996)

그림 속의 나무

벽을 바라보면 거기 늘 나무가 있다. 엽서보다 조금 큰 판화 석 장. 서양화가 김구림 씨의 작품이다. 한 장에는 가지가 촘촘한 나무 한 그루, 다른 한 장에는 우람하게 생긴 나무 두 그루. 그리고 세 번째 그림에는 큰 나무 옆에 작은 나무 두 그루가 앞뒤로 같이 있다. 그것들은 각각 액자에 넣어져, 가로 나란히 어깨를 맞대고 걸려 있다.

여러 가지 색깔이 어우러진 화사한 그림도 아니요, 무채색에 가까운 이끼색 바탕에 청회색 나무일 뿐이다. 그런데 그 절제된 색과 간결한 구도가 편안하고, 서로 어울린 것이 작은 숲 같아서 아늑했다.

우부룩하게 드러난 뿌리. 굵은 밑동 위로 곧게 뻗은 줄기. 사방으로 고루 뻗은 잔가지들. 큰 나무는 작은 나무를 감싸 안고, 작은 나무는 울타리가 되어 위를 쳐다보고 있는 모습이 정겹다.

원래는 여섯 장으로 된 시리즈물이었다. 전시장에서 처음 보았을 때 단박에 마음이 끌렸다. 우선 자그마한 게 공간을 덜 차지해서 좋을 것 같았다. 하나씩은 좀 홑지지만, 둘씩 짝을 지어 걸어도 괜찮고, 한 자리에 위아래 셋씩 층지게 걸어도 좋을 성싶었다.

하지만 그림 값이 내 정서의 키를 훨씬 넘는 바람에 몇 차례 들락거리다가, 가까스로 마감 날에야 호랑이 등에 올라타는 기분으로 집에 옮겨다 놨다.

그런데 그 여섯 장 그림을 벽에 걸던 날부터 그림이 좋다면서 반씩 나누자고 조르는 분이 있었다. 그분도 그림을 좋아하는 사람. 오죽하랴 싶어 네 번째 그림 이하 석 장을 내주었다.

가져간 그림 석 장에는 네 그루의 나무와 다섯, 여섯 그루의 나무가 각각 차례로 담겨져 있다. 남은 그림에는 세 폭에 모두 여섯 그루의 나무가 담겨서, 우연히도 우리 집 가족 수와 꼭 맞는다.

그림을 들여놓던 때, 두 딸애는 열한 살에 아홉 살, 셋째 녀석은 여덟 살, 막내가 여섯 살이었다. 잎이 져버린 십이월의 나무라고 아이들은 이름 붙였다. 가끔은 그림 앞에서 노래도 불렀다.

나무야 나무야 겨울나무야
눈 쌓인 응달에 외로이 서서….

나목裸木이지만 쓸쓸함은 없다. 빈 가지지만 되레 청아하기만 하다. 잎이 진 나무이기에 그늘은 엷지만, 그 대신 햇볕은 잘 든다. 가끔은 산들바람에 잔가지가 흔들리기도 하고, 된바람은 나무를 흔들며 지나간다. 겨울이면 거기에 눈꽃도 핀다. 그런 상상에 실어 꿈도 펼쳐본다. 새가 날아들어 둥지를 틀면, 어미 새가 노란 부리 새끼들에게 먹이도 날라다 주고….

아이들이 학교에 간 날이면, 햇살은 나무들을 환히 비친다. 나무는 늘어지게 기지개를 켠다. 차츰 아이들은 밖에서 노는 날이 많아지고, 나무는 키돋움을 하면서 밖을 기웃거리기도 한다.

그렇게 세월은 가고 나무는 20년을 자라 우람함을 더했다.

우리 아이들도 어느덧 성년이 되어 제각각의 포부가 영글게 되었다.

봄이 되어 실비 내리던 날, 딸아이는 신랑 손을 잡고 꽃길을 걸었다. 그리고 나무 곁을 떠났다.

가을이 깊어 나뭇가지 사이로 쪽빛 하늘이 더욱 짙푸르던 날, 남은 딸아이도 서둘러 나무 곁을 떠났다. 까치집보다 조금 큰 보금자리를 만들어서.

나무는 말했다. 잎새 무성히 드리우는 여름이 되거든, 아기랑 손잡고 내 곁에 오라고, 그래서 모두 빙 둘러앉아 도리도리 짝짜꿍 놀이를 하자고.

동화책을 읽으면서 그넷줄을 매달라고 조르던 사내 녀석들도 이제는 콧수염이 거뭇하다. 그들도 머지않아 나무 곁을 떠나겠지. 그래도 나무는 거기 늘 그렇게 있을 것이다. 한결같이 우리 집 제일 좋은 벽면을 차지하고서.

나무는 그림 속에만 있는 것이 아니었다. 겨울이 오면 길가, 고궁, 낮은 산자락에서 그림 속의 나목을 만난다. 어제 해거름에도, 큰 나무와 작은 나무 둘이 앞뒤로 손을 잡고 있는 나무 세 그루를 강변길에서 보았다.

요즈음 들어 갈라져 간 석 점의 그림들이 생각난다. 네 그루에서 여섯 그루가 그려진 작품은 그분이 갖고 있다. 해외근무 때문에 여러 차례 이사를 하더니 소식이 끊긴 지 오래된 지금, 나무들이 얼마나 자랐는지 궁금하다. 어쩌면 열다섯 그루의 나무들이 숲을 이루었을지도 모를 일이다. 만일 그분이 이 글을 읽을 수 있다면, 어느 곳이건 한 집에 우리의 나무들이 어울려 지낼 수 있는 아담한 정원을 만들어 주자고 해야겠다.

벽을 바라보면 거기 늘 나무가 있다. (1996)

닛코日光의 삼나무 숲

숲으로 들어선다.

일본의 한 작은 마을 닛코日光의 삼나무 숲이다. 60여 년 전 아버지가 걸었던 숲길을 찾아왔다. 그 옛날 아버지의 흔적은 어디에도 남아있지 않지만 생경스럽지가 않다. 어릴 때 참참이 들었던 풍경이어서 그런가, 낯설음 속에 스며있는 낯익음 때문일지도 모른다.

지난날 아버지가 들려준 얘기들이 귓가에 맴돈다. "우리 집 대문 앞에 있는 전봇대 있지. 그보다 훨씬 커. 마치 병정들이 반듯하게 줄을 서있는 것 같거든."

하늘을 향해 치솟은 나무들을 올려다본다. 늠름한 저 위용이 외경스럽다. 감히 바람도 흔들지 못하는 아름드리 둥치. 더께 앉은 밑동을 바라보며 600년이 넘는 세월을 절감한다. 스치는 소리는 귓가에 담기는데 나무그루는 미동도 않는다.

어릴 적 심심풀이로 들었던 얘기가 아님을 깨닫는다. 웬만큼 잘 자란 나무들도 우듬지가 어디쯤인지 시선을 맞출 수 있었건만, 아무리 발돋움을 해 보고 고개를 뒤로 한껏 젖혀 봐도 나무의 끝 간 데를 따를 수가 없다. 하늘을 향한 무한인양 우러를 따름이다.

두두룩한 언덕에 선 나무들도 한결같은 키 높이다. 바윗돌들이 들쭉날쭉한 둔덕 어귀에도, 비탈굽이에 서 있는 나무들도 하도 빽빽하고 드높아 빛이 들지 않는 곳처럼 어둑어둑하기만 하다. 어쩌면 새벽을 열 그 무렵, 누리를 밝히기 시작하는 갓밝이인가. 자명桼明의 빛이라고나 할지.

유년시절 상상 속 그림으로 펼쳐지던 나무들이 너르디너른 숲을 이룬 거목으로 지금 내 곁에 서있다. 지난날의 기억들이 푸른 잎으로 나뭇가지에 매달린다. “숨바꼭질? 찾을 수가 없지. 아버지만큼 큰 어른 둘이 나무 뒤에 몸을 숨겨도 보이지 않아. 술래가 찾으러 다니다가 길을 잃을 수도 있어. 어찌나 숲이 너른지.” 그러한 닛코日光의 얘기를 커가면서 내내 들었었기에 ‘언젠가는 꼭 한번’이라는 벼름으로 각인되었던 것이리라.

지난겨울 재직하고 있는 대학에서 안식년을 맞은 오라버니가 게이오京應대학의 방문교수로 일 년 동안 동경에 머물렀다. 아파트가 주어졌고 시간도 넉넉하다면서 우리 형제들을 불러주었다. 그런 연유로 내가 지금 닛코의 삼림 속에 와 있는 것이다.

닛코의 삼나무 숲에는 아버지의 추억이 하나 더 있다. 1200년 전나라시대에 세워진 화려한 장식의 도쇼구東照宮 경내에 있는 유일한 목조건조물인 오층탑이다. 이 탑에는 산자루三猿, 세 마리의 원숭이들이 조각되어있다. 한 마리는 앞발로 눈을 가리고, 또 한 마리는 귀를 막고, 다른 한 마리는 입을 막고 있었다. 사연인즉, 악을 보지 말고, 듣지도 말고, 말하지도 말라는 뜻이라고 한다.

그 탑 앞에 우리 형제들이 나란히 섰다. 아버지께서도 젊은 시절에 세 마리 원숭이를 배경으로 기념촬영을 했던 곳이다. 30여 년 전 오라버니가 유학을 왔을 때도 그 목탑을 찾았으며, 얼마 전에는 조카인, 오라버니의 막내아들도 같은 자리에서 카메라 셔터를 눌렀다고 한다. 그리고 오늘, 우리 형제들이 세 마리의 원숭이가 조각된 탑 앞에서 또 하나의 추억을 만들었다. 같은 배경으로 자식은 아버지의 옛 모습을, 조카는 뵙지 못한 할아버지를 떠올렸을 것이다.

지난 날 아버지의 사진에서처럼 그 공간은 여전했다. 세 마리의 원숭이가 새겨진 모습도 변하지 않았으며, 구전되어 오는 이야기도 다르지 않았다. 더불어 서로의 존재에 맞물리듯 삼나무 숲도 그 자리에 있었다. 30km가 넘는 긴 삼나무 길을 다 구경하지는 못했어도 웬만큼은 거닐었다. 지나날 아버지도 오늘의 나처럼 거침없이 서 있는 저 나무들을 올려다보며 수관선樹冠線의 아름다움에 감탄했을 것이라고 짐작해본다.

닛코의 삼나무를 이야기할 때마다 두 팔을 번쩍 들어 만세 부르는 시늉을 하던 아버지. 나무그루의 곧음을 그렇게 설명해 주었다. 다시 두 팔을 양옆으로 둥그스름하게 펼쳐 보이며, 두 아름도 넘는 우람한 둥치라는 것을 누누이 일러주었다. 매번 듣는 같은 줄거리였지만 지루함 없이 진초록 빛 상상의 나래를 펴게 한 이야기들이다.

아버지를 생각할 때면 늘 가슴 가까이 다가왔던 나무. 언제나 숲을 지키며 나와의 조우를 기다리고 있었을 삼나무. 오래고 오랜 벼름의 후미에서 지금 내가 그 숲에 서있다.

한 떼의 새들이 나무 사이로 날개를 치며 날아간다. 새들이 떠나간 하늘 저편을 올려다본다. 나무들이 너무 높아 쉴 곳을 찾지 못해서일까. 둥글게 허공을 돌다가 숲 저편으로 멀어진다. 저녁 어스름이 나무 사이로 스미고 있다.

바람이 지난다. 순간, 먼 옛날 아버지가 서 계셨던 자리에 그때에 스치며 지나간 그 바람이겠거니 귀를 모아본다. 꿈을 그리게 했던 나무들의 숲. 유년시절을 남기고 닛코의 삼나무 숲을 나온다. (2003)

언니의 자두나무

그날은 여느 해와 달랐다. 언니, 오라버니 그리고 나, 삼남매가 함께 한 것은 마찬가지인데 손주녀석들까지 삼대가 모이게 되었다. 언니의 희수喜壽잔치를 위해 조카들이 마련한 조촐한 자리였다. 수저 들기 전에 빠뜨리지 않는 오라버니의 한 말씀은 그날도 여전했다. "오늘은 특별한 날이니 식사는 세 시간 동안이다" 라고 못을 박았다. 일찍 자리를 뜨는 일 없이 차린 음식을 느긋하게 즐기자는 뜻이다.

자식들의 근황이며 집집마다의 손주들 자랑이 시들해질 즈음에, 오라버니의 눈길은 으레 언니에게 꽂힌다. 이내 무슨 얘기를 할 것인지 우리 형제들은 다 알아 차린다. 언니 또한 빙긋이 웃고 있을 뿐이다. 듣고 또 들어도 때마다 새록새록 재미나는 언니의 유년시절 얘기다. 다시 오라버니의 눈길이 꼬마들 쪽으로 향한다.

“애들아, 저기 근엄하게 앉아 계시는 할머니 있지? 오늘은 그 할머니가 너희들만 할 때 얼마나 말썽꾸러기였는지를 들려줄까?”

꼬마들이 일제히 손뼉을 치며

“얼른이요. 할아버지 어서요.”

라며 호기심 가득한 표정으로 일제히 할머니 쪽을 바라본다.

할아버니는 “응, 무슨 얘기를 먼저 할까, 할머니가 자두나무에서 떨어진 얘기? 아니면 우물에 빠진 얘기부터 할까?” 라며 잔뜩 뜸을 들였다.

언니가 예닐곱 살이라고 했던가. 맏이인 언니는 늘 혼자였다. 어른들에겐 병치레가 잦은 남동생만이 금지옥엽이었다. 언뜻하면 울음보를 터뜨리며 어머니께 매달리는 남동생 때문에 꾸중을 듣는 것이 늘 언니뿐이었다. 그래서 언니는 집보다는 떠들썩한 밖이 훨씬 좋았다. 담장 너머로 또래들의 시끌벅적한 소리가 들릴 때면 어떻게 밖으로 나갈 수 있을까 머리를 굴렸다.

커다란 나무대문 빗장을 벗길라치면 삐드득하는 소리가 안방까지 들리니 꼼짝할 수가 없었다. 어머니는 집에서만 놀라고 하시지만 꽃밭에서 노는 것도 어쩌다 몇 차례고 과일을 따 먹는 일도 별로 신통치가 않았다. 어머니가 그러시는데는 다 까닭이 있었다. 동네 아이들과 노상 싸우다보니 얻어맞은 아이들의 부모가 쫓아오는 일이 다반사였고, 험하게 놀다보니 곱게 차려 입힌 원피스를 찢겨 오는 일도 한두 번이 아니었다.

“하루만 걸렀어도 좋으련만…….”

그날도 또래들의 왁자지껄한 소리가 울안으로 넘어왔다. 언니는 바로 어제 건넛집 아이를 때린 일이 걸리는지라 어머니의 꾸지람이 염려되어 대문 옆에서 얼쩡거렸다. 그때 얼핏 담장 곁에 선 자두나무가 눈에 들어왔다. 아버지는 딸아이 손이 닿을 수 있도록 과일나무가지를 아래쪽으로 늘어뜨려 가꾸시는 분이셨다. 아래쪽 가지는 엊그제 동네 아이들과 다 따냈고, 손이 닿지 않는 우듬지 쪽에만 검붉은 자두가 다닥다닥 붙어 있었다.

언니는 나무를 타고 오르기 시작했다. 꼭대기에 앉아 자두 따 먹는 맛도 좋았지만 울 밖의 아이들 놀이구경을 하자니 심심찮았다. 얼마나 지났을까. 갑자기 나뭇가지가 우지직하는 소리가 나면서 언니는 나무 아래로 떨어지고 말았다. 울안 담장 밑으로 흐르는 작은 도랑이 있었는데 그만 풍덩 빠져버린 것이다.

나무에서 떨어진 일로 말하면 호두나무에서 호두를 따다가 그랬고, 살구나무에서도, 복숭아나무, 감나무 등등으로 돌아가며 떨어졌으니 일일이 다 헬 수가 없다. 그때마다 용케도 크게 다치지 않은 것은 노상 나무를 오르다보니 나름대로의 노하우가 생기기도 해서일 터이다. 가지가 부러져도 그 가지를 놓치지 않고 미끄럼을 타듯 곡예를 하니 큰 탈을 면할 수 있었으리라.

그러한 언니에게도 못 오르는 나무가 있었다. 가시가 드센 석류나무나 줄기가 가녀린 앵두나무였다. 언니가 말썽을 부린 일들을 어찌 다 손꼽을 수 있을까 마는 지금껏 자두나무 사건이 거듭 회자 되는 것은, 나무 밑 도랑에 빠져버리기도 했지만 사무실에 계시던 아버지까지 나오셔서 언니를 업고 병원에 가느라 이웃들까지 놀라서 법석을 떨었으니, 어찌 큰 구경거리요 이야깃거리가 아니었을까.

오라버니는 언제나 옛날이야기 하듯이 말을 한다. 우리는 듣는다. 내가 그때 그 자리에 없었다 해도 여름이 되어 자줏빛으로 잘 익은 자두를 볼 때면 으레 언니를 떠올린다. 나는 주렁주렁 열려있는 붉은 자두랑 그곳 담장 옆 졸졸졸 흐르는 작은 도랑이랑, 자두나무에 내리던 빛까지 다 눈으로 그려낼 수 있다.

비록 유형의 존재들이 지금은 없지만 가슴 속에 간직한 추억들이 언니의 유년시절을 돌아보게 된다. 그리고 웃음 속에서 아우르며 서로 보듬어 다진 형제애는 언니만이 아닌 우리 형제 모두에의 그리움으로 공유할 것이다. 이제는 그날의 자두나무는 볼 수가 없다. 하지만 언니 마음속의 자두나무만은 잎이 무성하게 우거진 큰 나무로 우리 형제들의 추억 속에 언제까지나 푸르게, 푸르게 자리매김하리라.(2011)

3

산당화에 저녁노을

산당화에 저녁노을

"야야, 그 꽃 있지야. 니 목도리로 폭신 싸안고 온 꽃 말여."

"……."

"아, 그 발그스레하니 매화꽃같이 생긴 꽃, 싸락눈 내린 날이여. 생각 못허것어?"

"응, 그것……."

나는 짐짓 말끝을 흐린다. 대수롭잖은 일이라는 듯, 기억에도 없는 것처럼 어물쩍 넘기면서도 문득 가슴 두근거림이 새로워져서 얼른 자리에서 일어났다. 그리고는 열린 문을 닫는 척하며 날씨 이야기로 화제를 돌렸다.

긴 설명이 없다고 어찌 그 꽃나무를 잊었으랴. 가슴에 작은 파문이 일게 했던 그 일들을. 그새 다 잊었느냐고 다그치지만, 생각 없이 앉아 있는 듯한 내 표정에 어머니는 오히려 다행스러워하는 기색이다. 자리에 누우신 어머니는 물끄러미 천장을 바라보더니 아무래도 그 이야기를 마무리 지어야겠는지 천천히 말을 이었다.

"그 때 섭섭했지야. 에미한테 성깔 한 번 부린 일도 없씨……."

팔을 뻗어 더듬으신다. 내 손을 찾고 있는 것이리라. 내가 슬며시 손을 드밀었다. 꼭 쥐는 손길, 가녀린 손마디에서 전해지는 온기가 내게 진한 감동을 전한다. 팔순의 어머니가 중년을 넘어선 딸에게 지난날, 그 싸락눈 내리던 날을 떠올리며 그때의 일을 끄집어내고 있는 것이다.

기차가 플랫폼에 들어와 선다. 내리고 오르는 사람들 사이를 헤집고 꽃분花盆을 안은 젊은이가 객차에서 내려 두리번거린다.

"참 고운데요. 봄도 아닌데 어디에서 이런 꽃이……."

말끝을 마무리기도 전에 기차가 다시 움직인다. 서둘러 기차에 오른 젊은이는 차창 밖으로 얼굴을 내밀고 손을 흔든다. 그 모습이 시계에서 멀어져간다. 30년도 전, 서울행 풍년호가 전주역에서 잠깐 정차했을 때의 일이다.

꽃분을 안겨주고 되짚어 기차에 오른 젊은이를 나는 그해 여름 처음 만났었다. 몇 번 편지를 보내왔지만, 어머니의 언짢으신 기색 때문에 답을 못하고 지냈다. 졸업을 며칠 앞둔 그날, 역에서 만나자는 엽서를 받았었다. 엉겁결에 꽃을 받아들긴 했어도 집이 가까워질수록 걸음이 더디어졌다. 꽃분의 무게가 점점 마음에 실렸다.

산당화는 비록 떨기는 작지만, 빼곡히 달린 꽃망울들이 막 피어나기 시작했다. 찬바람이 시린 듯 가지 끝에 움츠리고 있는 꽃망울도 있었다. 더러는 벌써 진홍으로 벌고, 더러는 피어날 채비를 하면서 망울을 부풀리고 있었다. 그 화사함이 꼭 그날의 노을빛을 닮고 있었다. 운두가 낮은 사기화분에 앉힌 도드라진 밑동, 더께진 이끼의 푸르름, 운치 있게 다듬어진 고풍스런 가지 뻗음. 한두 해 예사롭게 간수한 나무가 아님을 첫 눈에 알 수 있었다.

꽃분을 받아 든 어머니는 반색을 하면서도, 의아해 하는 눈빛으로 나를 바라보시더니 이렇다 저렇다 내색 없이 화분을 마루 한쪽에 내려 앉히셨다. 나로서는, 꽃을 귀히 여기는 어머니지만 뜬금없이 안고 들어 온 산당나무가 그리 반갑지 않으실 거라는 짐작이 갔다.

산당화는 내게 그렇게 왔고 봄이 이울도록 꽃을 피웠다. 연둣빛 잎새도 가지마다 무성했다. 그 잎들의 짙푸름과 함께 여름은 또 다른 소식을 가져왔다. 오라버니가 미국으로 유학을 가게 된 사실로 인해 집안의 움직임에 변화가 일고 있었던 것이다. 나의 혼담이 오간 것도, 내 사진이 이미 남자 쪽 집안에 보내어졌다는 것도, 오라버니가 출국하는 날에야 알게 되었다. 김포공항에서 만난 그 사람은 우리 집에도 두어 차례 왔었다는 데 도무지 나의 기억엔 없었다.

지금처럼 쉽게 오가지 못하고 4년이 지나야 돌아올 수 있는 오라버니는, 아버지가 안 계신 집에 막내 여동생을 혼자 남겨두고 가는 일이 마음에 걸렸으리라. 양가에서 이미 정한 일이니 어머니 말씀을 따르라는 당부를 남기고 떠난 것이다.

뜰에 찬바람이 머물더니 산당화 가지도 잎을 다 떨구었다. 서늘바람 일어 시작한 병풍 수놓기가 웬만큼 모양을 갖추어갔다. 수본繡本을 따라 바늘을 옮기면, 그것은 꽃이 되고 새가 되고 나무도 되었다.

산당화 꽃무늬를 짐짓 그려보았다. 어찌 색실을 챙기다가, 피로한 눈을 쉬일 겸 먼 하늘이라도 바라볼 것 같으면, 안방에서 재봉틀을 돌리던 어머니가 곁으로 오셨다.

몸가짐이나 마음 씀을 허투루 해서는 아니 되며, 손놀림 하나에도 순서가 있고, 수실을 잡아당김도 팽팽히 하지 않으면 수가 곱지 않으니, 바늘 끝 한 땀 한 땀, 정성을 담고, 색실 한 올 한 올에 마음을 담아야만 살아 움직이는 고운 수가 되는 것이라고 일러주셨다.

산당화 꽃분이 안방으로 옮겨지면서 뜰에는 눈 쌓이는 날이 거듭되었다. 여덟 폭 병풍도 제 모습을 드러냈다. 양지 바른 안방에 놓인 산당화가 봄을 먼저 맞고 싶었는지, 아니면 떠날 날을 받아놓은 내게 다시금 한 차례 꽃을 보여주고 싶어 그랬는지, 가지마다 이른 꽃눈을 부풀렸다.

두 개, 세 개……. 손가락 끝으로 가리키고 세면, 꽃이 피기 전에 진다는 말이 생각나서 아침이면 눈으로 더듬었다. 그리고 새로 맺는 작은 꽃눈도 앞가지와 옆가지에 몇 개씩인지 세었다. 어린애 젖꼭지만한 앙증스런 꽃망울이 하루가 다르게 붉어졌다. 며칠만 더 지나면 두어 송이 꽃을 볼 수 있으려니 여겼다.

수놓기를 끝내던 날, 표구점에 맡기고 돌아오니 산당화 화분이 간데없었다. 어머니께 여쭐까 안방 문고리를 잡으며 머뭇거렸다. 언뜻 뇌리를 스치는 느낌이 있었다. 꽃 맺음을 반기는 내 표정에서, 물을 주고 간수하는 내 손놀림에서, 어머니 나름의 염려가 드신 것이리라. 그리하여 약혼식 날 전에 마침내 그 화분을 치우셨음이다.

봄이 오기 전 꽃이 피기를 기다린 나와, 언제쯤 화분을 치울까 궁리하신 어머니. 그 후로 산당화를 더는 만나지 못했다. 꽃부리나 가시돋친 잔가지, 잎새가 비슷한 나무는 흔하게 보았어도 진홍으로 불타는 산당화랑 같지는 않았다.

지난해 봄, 시댁에 내려갔다가 놀빛으로 타는 산당화를 이웃집 토담너머로 보았다. 꽃샘잎샘에도 끄떡없이 둥그런 꽃봉오리를 열어 보이고 있었다. 조금 오목한 홑겹 다섯 장 꽃잎이 가지런히 혹은 비딱이 가지를 푹 싸듯 피어 있었다. 반가웠다. 갑자기 예전의 그 순간으로 되돌아간 듯.

세월의 잔해가 드리운 지금에도 그 꽃은 잊히지 않았다. 궁리 끝에 남편에게 도움을 청해 그 떨기를 분양 받았고 토분에 심었다. 뿌리를 새로이 내리느라 시나브로 몸살을 하더니만 이 겨울엔 쌀알 같은 꽃눈을 부풀리며 아파트 베란다를 지키고 있다.

그때가 어제만 같은데……. 하던 어머니도 세상을 뜨셨고, 나도 이제 초로의 길목에 서 있다. 옛날의 그만한 나무는 아니어도 꽃망울 맺힌 가지를 내려다보며 만개할 그날을 못내 기다린다. (1998)

* 산당화 : 명자나무 종류인데 전주를 비롯한 아랫녘에서는 산당화라 부른다

큰 나무가 서 있던 자리

창문을 열기에도 아직 이른 시간이다. 밖에서 웅성거리는 소리가 나기에 내다보니 집 앞 빈터에 서 있는 아름드리나무가 막 넘어지고 있다.

"저 일을 어째." 나도 모르게 외마디 소리를 지르며 뛰어 나갔다. 함성 같기도 하고 통곡 같기도 한 소리에 이어 쿵, 와지끈 하는 땅 흔들림이 이어졌다.

"어머나!" 비명이 내 목구멍에서 막힌다. 저 큰 나무가 땅 바닥에 누워서 사지를 떨고 있는 것이 아닌가. 부러진 밑동에는 굵은 밧줄이 감겨 있고, 그보다 조금 위쪽은 또 하나의 밧줄로 매여 있다. 길게 늘어진 밧줄 끝은, 저만치서 부르릉거리고 있는 덤프트럭 꽁무니에 매달려있다. 저 괴물이 잡아당긴 것이 분명하다. 엇비슷하게 잘린 그루터기는 물기 어린 속살이 드러나 처참하고, 잔가지에 매달린 채 바스스 소리를 내며 떨고 있는 이파리가 아침 햇살에 더욱 반짝인다. 옆에는 조금 전까지 그 나무에서 흔들거리던 그넷줄이 나동그라져 있다.

내 집 창문에서 바라보던 저 큰나무가 저렇듯 느닷없이 갔다. 거목에 얽힌 내 기억은 아주 어렸을 적으로 거슬러 올라간다. 어릴적 친구 집에서 놀다가 갑자기 퍼붓는 소나기 설거지를 도우려고 마당에 내려섰는데, 맞은편 언덕에 큰 나무 한 그루가 서 있는 것이 눈에 들어왔다. 나무 아래에선 동네 어른들이 비를 피하고 있었다.

느티나무라고 했다. 그날 이후 나에게 있어 큰 나무면 으레 느티나무이기 마련이었다. 둘레는 어른 팔로도 여러 아름이 될 것 같았고, 부챗살처럼 펼친 수관樹冠은 어엿한 정자 바로 그것이었다.

비가 그치자 모였던 사람은 흩어지고, 물기 어린 잎새들은 영롱하게 반짝였다. 때를 맞추려는 듯 매미들의 요란한 노랫소리가 햇살처럼 쏟아졌다. 그 뒤로도 성장하면서 나는 큰 나무들을 많이 보았고 그럴 때마다 그 의젓함을 외경하다가, 어느덧 그것이 하나의 동경으로 여물어갔다. "저런 나무 곁에서 살았으면…."

지금 살고 있는 아파트를 처음 보러왔을 때, 창을 통하여 한 가득히 들어오는 햇살과 오른 쪽으로 비스듬히 덩치 큰 나무가 보이는 게 마음에 들어 이것저것 따질 것 없이 결정을 했다. 이사를 하고 난 뒤 로는 날만 새면 창문을 열고 그 나무를 한참씩 바라보는 것으로 하루를 시작하곤 하였다.

매일 이른 시간부터 아주머니들이 그 나무 밑에 모여들었다. 나무

둥치에 등을 부딪치기도 하고, 더러는 에어로빅댄스 흉내도 낸다. 어떤 날에는 뜀박질에 맨손체조도 한다. 아침 식사가 끝날 즈음에는 나이 듬직한 아저씨들이 모여든다. 새벽의 아낙들보다 수가 더 많고, 꼭이 해야 할 이야기가 없는 듯한데도 담소가 이어지고 한쪽에서는 장기놀이를 벌이기도 한다. 매미들의 합창도 이맘때쯤 기승을 부린다. 한 마리가 울기 시작하면 여기저기서 따라 울다가, 그칠 때도 비슷하게 뚝하고 멈춘다.

한낮이 되어 나무 그늘이 비었다 싶을 때면 야채 파는 아저씨가 트럭을 세워 놓고 낮잠을 즐기는가 시끄럽던 마이크 소리도 잠잠하다. 그곳은 항상 그늘지고 서늘하다. 트럭 소리가 멀어질 때쯤이면, 그 자리는 학교에서 돌아오는 아이들의 놀이터가 된다. 서쪽 하늘에 꽃구름 이 피어나고 노을이 나무를 황금빛으로 물들일 즈음에, 아이들은 하나둘씩 짝을 지어 돌아간다. 어떤 때는 아이 이름을 부르는 어머니의 높은 목청도 들린다. 그러고 나면 나무는 깃을 찾아드는 새들의 보금자리가 된다.

더위가 한창이던 어느 날, 그 빈터에 골프연습장이 생긴다는 소문이 떠돌았다. 아니나 다를까 높은 철탑이 세워지고 거기에 그물이 쳐졌다. 나무는 그늘에 가려 안개 낀 것처럼 보였다. 하루 종일 승용차가 오르내리며 골목에 분주함을 더했다. 그래도 우람하게 버티고 서 있는 나무는 당당하기만 했다. 나무 밑 그늘이 좁아지고, 공을 차거나 야구 방망이를 휘두르는 아이들이 오진 않았지만, 그런대로 사람들은 여전히 나무 아래를 즐겨 찾았다.

어느 날 아침이었다. 창문을 열었더니 앞이 탁 트이면서 그물이 철탑에서 벗겨져 여기저기 뭉쳐 있다. 그물에 가려져 흐릿하던 건너편 남새밭도 초점을 잘 맞춰 찍은 사진처럼 선명하다. 큰 나무는 다시 마음껏 숨쉴 수 있을 것이고, 아이들은 전처럼 '스트라이크'를 길게 뽑으면서 야구놀이를 즐길 수 있으리라.

사흘이 못되어, 그 큰 나무가 밑동 째 잘려나가 내 마음을 아프게 한 것이다. 땅 바닥에 누워 있는 나무는 굉장히 커 보였다. 두 사람이 팔을 벌려야 가까스로 보듬을 수 있던 나무였는데, 전기톱을 든 남자가 아래위로 몇 차례 왔다갔다 하더니 금세 동강난 토막을 만들고, 가지들을 다발로 묶어 쌓는다. 나무 밑을 찾던 낯익은 얼굴들이 손채양으로 햇볕을 가린 채 전기톱을 든 사나이의 동작만 이리저리 쫓고 있다.

그때 언덕 아래서 손을 내저으며 노인 한 분이 허위허위 올라왔다. 숨이 턱에 차 말을 더듬는다.

"아니 돌아가신 내 장형과 비슷한 나이였는데…. 내가 어릴 때 저 나무 아래서 팽이도 치고 연도 날렸지. 원 세상에 이럴 수가…."

팔십 고개를 바라보는, 인근에서는 터줏대감으로 알아주는 노인이었다. 그러나 거기에 모여선 사람들은 서로의 얼굴만 쳐다볼 뿐, 누구 하나 나서서 전기톱질을 막지 못했다. 그 다음 날 붕붕거리고 덜커덩거리는 소리에 잠이 깼다. 창문을 열고 보니 언덕 위는 휑뎅그레 비었고 불도저만 바쁘게 땅을 파 일궜다.

'아파트가 들어선단다.' 아, 그런 수순이었던가. 잘려나간 큰 나무는 지금 무슨 생각을 하고 있을까. 어쩌면 알알이 지난날의 기억들을 되새기리라. 바람에 가지를 일렁이던 때를, 새들이 날아들어 가지 위에서 지저귀던 때를, 아이들의 웃음소리가 가지마다에 주렁주렁 매달리던 때를, 그넷줄에 매달린 아이들의 체취를, 그 그늘 밑에서 장기에 흥을 돋우던 촌로들의 여유로움과 고목만큼이나 주름진 얼굴로 파안대소하던 순간을, 지는 잎이 바람에 날리고 성긴 가지 네모꼴로 그물눈을 만들어 하늘이 별이 되어 보이고 그 자리에 눈꽃이 쌓이던 것을, 새로운 잎을 피우기 위해서는 긴 겨울 모진 추위도 외롭지 않았던 것을.

이제는 버혀서 없어진 나무. 나는 큰 나무가 서 있던 자리를 바라보면서, 그저 죄스러운 마음으로 자문을 거듭할 뿐이다. '사람들이 참말 못할 짓을 한 것은 아닐까? 꼭 그렇게 해야만 되었던가' 라고.(1996)

아름다운 삶

"정녕 사람의 일을 넓고 깊게 바라보면 진정으로 훌륭한 인격자의 길이란, 오랜 세월이 지나 보아야 비로소 알게 되는 것"

「나무를 심은 사람」의 첫머리 글이다. 1913년 프랑스 남동부의 프로방스 지방, 아무도 살지 않는 황무지에 나무를 심은 사람의 이야기이다.

쉰다섯의 엘제아르 부피에였다. 그는 하나 뿐인 아들을 잃고 아내마저 세상을 떠나자, 외진 곳에 틀어박혀 양과 개를 동반자로 외롭게 살고 있었다. 나무가 없는 땅은 죽은 땅이라는 생각이 들면서 날마다 잘 익은 도토리 100알씩을 골라, 3년 동안 십만 개를 심었다. 심은 씨앗 가운데서 동물에게 먹히거나 죽어 버린 것을 제하고, 나머지 1만 그루의 떡갈나무가 뿌리를 내렸다.

버려진 땅이었던 그곳에 나무가 우거지면서 향긋한 바람이 불어왔다. 나지막한 언덕에 보리와 호밀이 우거지고, 장미꽃이 피고 아네모네도 자랐다. 더 놀라운 것은 시냇물 흐르는 소리였다. 산토끼와 멧돼지를 쫓는 사냥꾼들도 있었다. 허물어진 집은 깨끗하게 보수를 했고 노상 웃음소리가 들렸다.

마을 전체가 떡갈나무 숲으로 우거지기까지는 8년밖에 걸리지 않았다. 죽음처럼 어둡고 황폐했던 땅이 한 평범한 사람의 손과 영혼으로 이룩해 놓은 놀라운 광경이었다. 그 무렵쯤엔 그곳으로 이주해 온 사람들이 1만 명이 넘었다.

1947년, 그는 여든아홉의 나이로 양로원에서 노후를 마쳤다. 그의 노고를 아는 사람은 아무도 없었다. 부피에는 완전한 고독 속에서 살았기 때문인지 생의 마지막 시기에는 거의 말하는 습관을 잃어버리기까지 했다.

이 소설은 어린이 동화보다도 짧은 글이다. 단 한 사람의 외로운 노력으로 프로방스의 황무지가 풍요로운 가나안 땅으로 바뀐 기적 같은 이야기 때문인지, 1954년 처음 발표된 이후 13개국의 언어로 옮겨져 아직까지 읽히고 있다.

그리 강열한 메시지는 어디에서 연유하는 것일까. 자신의 이익만을 제일로 여기는 오늘의 세태에 남을 위해 일하는 한 늙은 양치기의 숭고한 정신을 보여주었다. 가족을 잃은 고독한 남자가 아니라, 그 고독

과의 싸움을 이겨낸 승리자의 모습인 것이다.

이 소설이 두고두고 읽혀지는 이유가 더 있다. 오랜 세월 실패를 무릅쓰고 버려진 땅을 푸른 숲으로 가꾸는데 삶을 바쳤건만, 거기에 대한 권리 주장이나 하등의 대가를 요구하지 않았기 때문이다.

작가 장 지오노는 미국의 '보그' 지에 '희망을 심고 행복을 가꾸는 사람' 이라는 제목으로 출판되었을 때, 이 책의 판권으로 단 1페니도 받지 않았다. 주인공 부피에를 닮은 발자취를 지상에 남기고 싶었으며, 사람들로 하여금 나무를 사랑하고 나무 심는 것을 사랑하게 하기 위해 이 작품을 썼다고 말했다.

이 소설의 끝은 우리의 영원한 고향인 자연의 노래 소리를 남겨주고 평화로움 속에서 눈을 감았던 알제아르 부피에, 아름다운 그의 삶에 바치는 헌사였다.

"영혼의 위대함 속에 숨겨진 불굴의 정신과 열정으로 신의 업적에 버금가는 일을 해 낸 한 늙은 농부에게 경의를 표한다."

(2002)

내 나무

숲에 햇살이 비쳐든다. 나무 사이에서 아이들이 놀고 있다. 굵은 둥치를 두 팔로 껴안고 팔짝팔짝 뛰기도 하고, 반가운 친구를 만난 듯 얼굴을 비비기도 한다. 그리고서는 제 각각의 나무에 대고 목청을 돋운다.

"내 나무, 내 나무"

끌어안은 나무를 놓지 않겠다는 듯 마주 잡은 손을 더 세게 조인다. 땅위로 뿌리가 드러난 해묵은 나무. 그 겨드랑이 아래서 키재기를 하는 작은 나무. 아이들은 발을 구르며 '내 나무우!' 라고 냅다 소리를 지른다. 그 울림은 합창이 되어 바람에 실리고, 화면 가득 클로즈업되는 아이들의 얼굴 얼굴들.

지금 나는 그런 장면을 텔레비전 화면에서 보고 있다. 화면이 바뀌자, 열 너더댓 명쯤 되는 초등학교 4·5학년 또래들이 안대로 눈을 가리고, 둘씩 짝을 지어 나무 사이로 어정어정 걸어간다. 뭘 하려고 저럴까. 궁금한 마음에 화면에서 눈을 떼지 못한다. 아이들은 더듬더듬 고른 나무 앞에서 그 나무를 쓸어보고 두드려 본다. 두 팔을 벌려 안아보기도 하고 코를 바짝 대고 냄새를 맡기도 한다.

그렇듯 시각視覺 이외의 수단을 써서 알아낸 특징들을 기억에 담은 후에 제한 시간을 알리는 호루라기 소리에 맞추어 원래 자리로 되돌아온다. 그런 다음 안대 없이 아까 더듬었던 그 나무를 찾고 알아 맞추는 것이다.

갈라진 껍질의 까칠한 느낌, 불거진 뿌리나 옹이의 배치, 수피에서 풍기던 독특한 냄새, 곧은 줄기 휜 가지, 가장귀의 높이 등 헤아려보지만 이 나무도 아니요 저 나무도 아니다. 저마다 짝의 얼굴을 쳐다보며 동의를 구한다. 그러다가 서로의 얼굴에 번지는 미소에 공통점을 찾고는 "이거다!" "이게 내 나무야!", 소리를 지르며 얼싸안는다.

어떤 환경단체에서 마련한 「나무체험」 프로그램이라고 했다. 그 아이들의 환호가 귓전을 두드릴 때, 나는 또 하나의 '내 나무' 이야기를 떠올렸다.

지방 어느 곳에서 시민들이 작은 모임을 만들어 가로수 한 그루씩을 '내 나무'로 맡았다고 한다. 날이 가물면 준비해간 물을 나무에 부어주기도 하고, 날을 정하여 온 식구가 '내 나무' 살피기 나들이를 가기도 한단다. 그로써 나이를 먹는 나무는 사람들과도 한결 가까워질

터이니 더 이상 길에 딸린 한갓 부속품만은 아닐 것이다. 오랜 세월이 지난 후에도 사람들과 함께 하는 '내 나무' 로서의 자연이리라.

꽃을 맺는 나무라면 꽃 내음으로 즐거워질 것이고 더불어 벌 나비까지 불러 모을 것이다. 한 그루 나무 품에서는 각종 새와 곤충들이 깃들어 살 수 있으니 도시 속의 나무로써 뿐만 아니라 외곽 숲과 이어지는 띠요 다리가 될 것이다. 늘 푸른 나무면 한겨울에도 푸르를 것이고 넓은잎나무면 여름그늘이 시원할 것이고 계절에 따라 변하는 색깔로 아름다울 것이다. 그렇게 연분을 맺어 놓으면 어느 날 느닷없이 뿌리가 뽑히거나 허리가 잘리는 참사를 막거나 항의할 적공積功의 근거도 될 것이다. 나무 한 그루를 위해 길을 돌리고 주민의 동의 없이는 단 한 그루의 나무도 함부로 벨 수 없는 그런 풍토도 조성될 것이 아닌가. 그렇듯 10년 20년 아니 더 오랜 세월이 흐르면, '내 나무' 는 드디어 '우리 나무' 가 되어 한 모퉁이의 수문장 한 고을의 상징이 되고도 남을 것이다.

우리는 가끔 어릴 적 고향을 돌이켜 생각한다. 그 추억의 화폭에는 어김없이 동구 밖 정자나무 아래서 어머니를 기다리던 일, 마을 한 복판 느티나무 그늘에서 동무들과 어울리던 일, 소나기가 퍼붓던 뒷산 고목의 수관樹冠이 떠오른다. 또 혹은 담장 곁 살구나무, 우물가 사철나무, 장독대 언저리 앵두나무 등등. 얼킨 정으로 해서 사연도 많은 내 나무 우리 나무들….

그 옛날 우리 조상들은 아들을 낳으면 선산에, 딸을 낳으면 밭 두렁에 그 아이 몫으로 '내 나무' 를 심었다. 딸이 시집 갈 때 그 내 나무로

장롱을 만들고 아들이 늙어 죽으면 그 내 나무를 잘라 관을 짰다. 내 나무는 내 인생의 동반자였기에 내가 앓거나 불행해지면 내 나무에 가서 빌었고 내가 급제하면 내 나무에 가서 감사드렸다. 서울시에서는 쓰레기 섬으로 버려진 난지도에 1000만 그루 나무심기 운동을 펼친다고 한다. 대규모 생태 공원을 조성해서 시민들이 '내 나무'를 심을 수 있게 한단다.

텔레비전 화면에서 보았던 그 아이들도, 비록 몇 시간밖에 못 가진 나무였지만, 그날의 기억을 어찌 쉽게 잊어버릴 수 있을까. 가로수를 내 나무로 가꾸는 사람들도 언젠가는 우람하게 커버린 나무를 보면서 지난 일들을 돌아볼 것이다. 그 나무와 함께 자란 아이들은 친구를 만나는 마음일 테고, 어른들은 장성한 자식들을 만나는 흐뭇함이겠지.

서울 시민들도 머지않아 자신의 이름표가 달린 '내 나무'를 가질 것이니 어찌 복된 꿈이 아니랴. 가지 끝에 일렁이던 바람, 잎새 사이로 들리던 새들의 지저귐, 문득 멈추어서 쳐다보았던 하늘빛, 멀리 띄워 보낼 기억들이겠지만 다 큰 이담에는 초록빛으로 다시금 떠 올릴 것이다. 아, 그때 '내 나무'. (1999)

나무는 슬프다

TV 화면에서 이런 장면을 보았다. 한 무리의 사람들이 작은 등燈을 몸에 감고 몸을 비틀고 있는 모습이었다. 전깃불이 켜진 그 미니 전구로 마치 고문을 당하고 있는 그런 형상이었다. 나무들이 그렇게 고통을 당하고 있다는 모습을 보여주기 위한 환경 운동가들이 벌인 퍼포먼스였다.

그 화면을 보면서 어느 레스토랑에서 있었던 일이 떠올랐다. 그 건물 마당의 잘 가꾼 나무들이 보기 좋아 자주 들렀던 곳이다. 그날도 그랬다. 그런데 여느 때 같지 않았다. 나무들이 서 있는 자리는 그전과 다르지 않은데 굵은 가지는 드문드문 솎아내고 잔가지를 잘라내기도 한 것이다. 여기저기 잘려나가 성글기만한 가지들이 어설궂었다. 가까이 다가서니 나무들은 전깃줄에 칭칭 감겨 있었다. 어쩐 일인지 궁금했다.

걸음을 옮기려는 순간 누군가 하나, 둘, 셋 하고 외치는 소리와 함께 마당 전체가 갑자기 환해졌다. 환호 섞인 박수갈채, 그리고 왁자지껄한 웃음이 마당 가득 넘쳤다. 꼬마전구를 나무에 설치하고 막 점등을 마치는 순간이었다. 그곳에 있는 사람들은 하나같이 정말 좋다고, 참 멋있다고, 모두들 주인을 추어주었다.

"오랫동안 큰 나무들인데 아깝네요."

마침 옆을 지나고 있는 주인에게 말을 걸었다.

"얼마나 보기 좋습니까, 아깝다니요."

"며칠만 있으면 새싹이 돋을 것인데 뜨거워서 어떻게 자라겠어요."

"화려해서 좋지 않습니까?"

얘기는 더 이어졌지만 나무들에게 생명이 있다는 것을 그 주인은 굳이 받아들이려 하지 않았다. 경기가 나쁘다보니 지나는 사람들의 시선을 끌어서 자기 집으로 발길을 돌리게 하는 것만이 자기의 바람이라고 했다.

철따라 소독을 해주었고 밑동 근처에 거름 넣어주는 일을 게을리 하지 않던 주인이었다. 가을이면 짚뭇을 들여와 나무들 겨울나기를 마련하기도 했다. 햇살이 마당 가득 괴이는 봄날이면 꽃들이 화사하게 피었다. 비가 오거나 구름 낀 흐린 날에는 휘어진 나뭇가지에 탐스럽게 매달린 꽃들이 더없이 고왔다. 어쩌다 바람이 불어오기라도 할 때면 나비가 날아다니는 것이 아닌가 하는 생각이 들만큼 꽃잎이 흩날렸다. 가끔씩은 작은 꽃가지를 꺾어 테이블 위의 유리컵에 꽂아

놓을 때도 있었다.

그날 이후 일부러 그곳엘 들르지는 않아도 오며가며 전구를 매달고 있는 그 나무들이 마음에 걸렸다. 겨울이 가까워지면 길가 나무들에 불이 켜진다. 여름 내내 무성하던 잎들이 지고, 헐벗은 나무에는 가지마다 작은 전구를 매단 전깃줄이 늘여 있다. 네온처럼 반짝이게 하는 곳도 있고 어느 나무는 밤새 꺼지지 않은 채 불이 켜져 있기도 했다.

한 때는 장식 효과를 노리는 크리스마스 볼거리였는데, 요즘 들어서는 온통 그 작은 미니 전구로 거리를 치장하는 것이다. 그러다보니 길가 가로수나 접객업소에 서 있는 나무들이 수난을 겪고 있다.

여러해 전, 오색등으로 치장한 나무들을 처음 보았을 때는 멋모르고 탄성을 질렀다. 어느 늦은 밤에는 신기하다면서 구경을 간 적도 있었다. 장식한 나무들 앞에서 사진촬영을 하기도 했었다.

그러나 해가 갈수록 백화점 앞에 서 있는 나무나 근처 가로수들까지도 불을 밝히는 나무들이 늘어만 갔다. 지난해는 상가가 아닌 세종로에 있는 그 큰 은행나무들까지도 화려하게 장식을 하고 있었다. 그곳 나무들에게도 수난이 시작된 것이다. 이제는 안타까움으로, 나무가 어찌 살까 하는 우려가 더 커져버렸다.

우리 조상들은 음력 섣달 그믐날 밤에 등촉을 밝혀둔 채, 잠을 자지 않고 밤을 꼬박 새웠다고 한다. 그것은 나이를 지킨다는 의미의 수세守歲라 했다. 그래서 온 집안에 부엌이나 헛간, 외양간까지 대낮같이 불을 밝혔는데 이는 해를 넘길 어둠을 물리치고 나쁜 것을 몰아내는 의미라고 했다.

그렇듯 등을 많이 켤수록 복을 불러들인다는 생각은 일본이나 중국이나 마찬가지였던가 보다. 그렇게 좋은 의미에서 새해맞이로 불 밝히기를 끝냈으면 무던하련만 요즘에는 사시장철 나무들이 불을 켜고 있는 것이다.

『식물의 신비생활』이라는 책에는 식물도 감각과 정서가 있어서 생각한다는 얘기였다. 예쁘다는 말을 듣고 자란 난蘭은 더욱 아름답게 꽃을 피우고 볼품없다는 말을 들은 장미는 시들어 버린다. 떡갈나무는 나무꾼이 다가가면 부들부들 떨고 홍당무는 토끼가 나타나면 사색이 된다고 한다. 마음이 닫힌 우리들이기에 나무들의 이야기를 들을 수 없을 뿐이지 고통 받고 있는 나무들은 오늘도 곳곳에서 비명을 지르고 있을 것이다.

레스토랑 마당에서 작은 꽃가지들로 오가는 사람들을 미소짓게 했고, 결실을 나누는 기쁨이었던 나무들. 이제 그 나무들은 하늘을 배경으로 봄을 뽐낼 수도 없을 것이다. 계절도 모르고 밤이나 낮이나 불 밝힌 등을 매달고 힘겹게 버티다가 견뎌내지 못하면 뽑히거나 뿌리로부터 절단되고 태워지기도 할 것이다. 숱한 예지와 영성을 지닌 녹색의 나무들임에도. (2001)

울울창창鬱鬱蒼蒼

멀리서 한 눈에 들어온다. 설레임으로 가슴이 뛴다. 원추형으로 치솟은 거대한 나무들이 눈앞으로 다가온다. 하늘에 닿을 듯 수려한 모습이다. 수령이 오래이니 늠름한 기상으로 기품도 더하다.

하늘, 그 높은 곳을 향하여 생육하는 나무 메타세콰이어. 가까이서 바라보니 잎새 푸르러서 그럴까. 세수를 끝낸 아이처럼 싱그럽다. 어찌 보면 반고호의 그림 속 삼나무처럼 열광적인 몸짓은 아니어도 치솟은 나무갓이 그렇고, 다시 보면 프랑스화가 앙리루소의 풍경화에서처럼 짙푸른 나무 색깔이 거의 같다.

열병식을 하듯 키 큰 메타세콰이어 나무들이 마치 손님을 맞으러 나온 듯, 길 양쪽으로 줄지어 서 있다. 내가 그 환영식에 초대받은 귀인 같다. 벼르던 발걸음 오늘에야 전남 담양읍에 있는 메타세콰이어

가로수 길을 지나고 있다. 나무들이 하도 커서 길을 지나는 사람들은 거목 아래 선 장난감인형들 같고, 달리는 버스는 마치 물방개를 보는 듯하다.

메타세콰이어란 이름은 미국에서 붙여졌다. 메타(meta)란 그리스 말로 '함께' '사이에' 등의 뜻이며, 세콰이어(sequoia)는 아메리카 인디언의 추장인 '세콰이어'를 기념 하느라 붙인 이름이다. 메타세콰이어를 우리나라에 처음 들여온 것은 60년대 초반. 생장이 빨라 도로변이나 공원에 널리 식재됐다.

담양읍에서는 새마을 사업이 한창인 72년부터 심기 시작했다. 당시 담양군수였던 김기회씨가 신품종인 그 나무를 담양읍에서 금성면 원율리 구간에 1600여 그루를 심었다. 수목학을 연구하는 전문인들까지도 거수목을 어찌 가로수로 심겠느냐고 했지만, 담양천의 물길을 다스리고자 관방천 제방을 축조하고, 팽나무 느티나무 등, 여러 가지 나무들을 선조들이 심은 것은 벌써 200여 년 전. 그 거대한 풍치림을 보아왔기에 결정은 그리 어렵지 않았다.

당시만 해도 포장도로가 아니어서 나무를 돌보기가 까다로웠다. 경험도 없는 낯선 묘목을 막상 심고 보니 여리디 여린 잎새가 안쓰럽기까지 했단다.

"아마 가로수에 물주고 비료 주고 가꿨다는 얘기는 들어 본 일이 없었을 겁니다."

지금은 퇴임했지만 그 당시 식수계장이었던 최영운 씨의 회고담이다. 맹아萌芽를 정리해주니 줄기가 곧게 치솟고, 수관도 미려해졌다. 다른 나무보다 병충해가 없으니 매년 농약을 칠 일도 없었고 나무들은 반듯하게 잘 자랐다.

"어느 이른 새벽이었어요. 여느 때처럼 가로수 길을 지나고 있는데, 아침햇살을 받은 나무들이 어찌나 곱던지요. 마치 그림 속 풍경 같았어요."

그날 이후 기울인 정성이 헛되지 않아서 군민회관 앞에서 율촌리까지 '전국최우수 시범가로수'로 선정되었고, '제일 아름다운 거리 숲'으로 대상을 받기도 했다.

처음에는 주민들이 가로수 길을 반대하기도 했었다. 나무 특성상 물을 따라 뿌리가 멀리까지 뻗어가다 보면 밭고랑에까지 얽혔다. 마치 사람의 머리를 댕기 땋아 내리듯, 땅 속 깊은 데서 뿌리들이 서로 엉키기 때문이다. 그런 연유로 웬만한 태풍이나 충격에도 넘어지지 않는 잇점도 있었다.

전해지는 에피소드가 있다. 가로수가 늘어선 그 길은 편도 1차선 도로여서 자동차들이 지나는 행인을 피하다보면 가로수를 들이받기가 일쑤였다. 웬만한 나무라면 꺾여지고 마는데, 그 메타세콰이어는 멀쩡한 채 있고, 되레 자동차에 흠집이 생겨 더 큰 손해를 입는 일이 허다했다. 그 무렵 시외영업용 기사들에게 전해지는 말이 있었다.

"담양서는 가로수 조심히야 되는고만…. 사고 나면 돈께나 물어주드라고…."

더 큰 손해라는 말엔 다른 뜻이 있었다. 나무를 다치게 하면 피해보상을 해야 된다는 제도가 그 무렵에 생겨서 메타세콰이어 가로수가 생각지 못한 보호를 받게 된 셈이었다.

또 다른 이야기도 있다. 다툼 끝에 헤어질 결심을 한 연인들이 차량에 밀려서 눈 쌓인 가로수 길에 그만 차를 세웠다. 한참을 정차하고 있다보니 방금 전에 가졌던 갈등의 위기가 눈 녹듯 사라지고 가로수 길의 경치에 반해서 화해의 드라이브를 하게 되었다고.

몇 그루의 나무들이 세상을 저토록 푸르게 만드는데, 사람들은 몇

이나 모이면 이 세상을 푸르름으로 채울 수 있을까. 저 나무들은 메마른 우리에게 꿈과 사랑을 안겨주는 푸른 가슴인게다. 나름대로 뜻을 세웠던 어른들이 있어 나무를 심고 가꾸며 서정을 풍기는 가로수 길을 보존했으니 어찌 자랑스럽지 않으랴. 한편 안타까운 일은 개발이라는 이름으로 30여년이 넘은 나무들을 수 백주씩 전기톱으로 잘라내고 있는 일이다.

고호와 루소의 그림 속 나무들이 오랜 세월이 지나도 우리 옆에 숨쉬고 있듯이, 메타세콰이어 가로수 길도 해묵은 나무들의 길고 긴 숲터널로 오래오래 머무르면 좋겠다. 저 큰 나뭇가지 어디쯤에 어린 눈 배어 있다가, 이른 봄 애순으로 솟아 갈맷빛으로 여름 나고, 갈잎마저 다 지운 엄동설한 내내 꿋꿋하게 있으니 귀하기그지 없다.

사계절 다른 모습으로 동화를 전하는 가로수길. 빈 가지에 쌓인 눈은 더 없는 그림이라니 눈 내리는 어느 날 다시 만나리라 다짐을 한다. 뒤쪽으로 끊임없이 떠나가는 창밖의 나무들을 바라본다. 도열하듯이 드높이 자란 나무들이다. 울울창창한 메타세콰이어의 전송을 받으니 송구스럽기 이를 데 없다. (2004)

목련꽃 이우는 소리

우북하게 어우러진 꽃가지를 며칠째 바라보고 있다. 항아리 두엇과 둥글넓적한 단지 뚜껑에 이렁저렁 두루뭉실하게 꽂혀있는 목련꽃이다. 집안을 꾸미려고 일부러 생가지를 꺾어 오지는 않았다. 등촉 켜들고 밝힐 날 기다리는 벙근 꽃망울. 제 몸을 떠나 어쩌다가 우리 집 거실에서 꽃을 피우게 되었는지….

그날은 식목일이었다. 아파트 현관을 들어서다가 윙-하는 쇳소리에 발길을 멈췄다. 남정네들 몇이서 전기톱을 들고 화단에서 나무를 베고 있었다. 또 다른 사람은 삭정이처럼 잘린 나뭇가지를 다발로 묶고 있었다. 목련 가지였다. 여기저기 꽃가지들이 땅 바닥에 널부러져 있었다. 패대기쳐진 가지마다 봉오리 진 꽃잎들이 생살을 찢겨 거뭇

거뭇 했다. 싱그러움은 간데없고 금세 시들해졌다. 힘없이 동댕이쳐진 꽃봉오리들이 신음소리를 내는 듯했다. "꽃을 피우고 싶어요. 꽃을 피우게 해 주세요…." 물기 젖은 목피에 온기가 느껴졌다.

한참 꽃망울 부풀어 며칠만 기다리면 만개할 것인데 어인 일인가. 뉘 집 창가에서 해를 가리지도 않았으며, 넌출거리는 가지가 전기 줄을 엉키게 한 일도 없었다. 한풍에 떨며 봄을 기다리는 설렘으로 새봄을 맞이했으련만, 생명이 움트는 환희를 가차없이 도륙당하고 말았으니 무엇 때문이었을까. 까닭인 즉 지는 꽃잎이 지저분해서 가지를 친다는 관리실의 설명이었다.

주섬주섬 꽃가지들을 주웠다. 행여 꽃잎들을 다칠세라 조심스레 안아들였다. 한아름이 넘는 꽃가지여서 웬만큼 큰 그릇은 다 꺼내다가 수반으로 썼다. 더 많이 들일 수 없음이 안타까웠지만, 시들지 않게 간수하는 일이 급했다. 그릇에 물을 담고 가지들을 깊숙이 담궜다. 상처로 성한 곳이 없는 꽃봉오리들이지만 활짝 꽃을 피웠으면 하는 맘이었다.

우리가 아파트로 이사 온지가 벌써 14년이니 목련이 우리보다 먼저 이곳에 자리 잡고 있었다. 나무가 서 있는 곳은 북쪽으로 면한 담장 아래여서 강풍에 입동 추위가 만만찮았다. 해질 녘 비켜 가는 햇살이 엷게 비칠 뿐 사시장철 그늘진 곳이었다. 한겨울 시린 바람에도 나무들은 보송보송한 솜털로 꽃눈을 감싸 꼿꼿하게 버티어 내더니, 키를 돋우고 잎새를 불리며 봄바람 살랑이자 감추었던 꽃잎 드러내어 벙긋벙긋해졌다. 북쪽으로 면한 우리 집 다용도실에 놓인 세탁기는 한겨울이면 두어 번씩 얼어서 세탁을 못하게 하는 일이 있었어도, 목련은 어김없이 꽃을 피워 음지에 서 있음을 티 내본 일이 없이 맡은 소임을 다해왔다.

꽃이 벙그는 4월이면 예닐곱 그루도 더 되니, 저마다 함박만한 꽃들이 피어나 온 세상이 환했다. 잎새 없는 가지마다 유백색의 꽃이 나무 전체에 가득하니, 어쩌다 황사로 하늘이 누르스름해졌어도 그 화사함은 하늘까지 밝게 했다. 응달에 선 나무들이어서 양지 녘에 선 나무들 보다 더디 피었으니, 꽃철이 길어서 옹골지기도 했다.

가지치기를 비난하려는 마음은 없다. 지난가을이었거나 꽃을 피우고 난 뒤였으면 좋았을 일을. 적절치 못한 그 시기를 야속해 할 뿐이다. 나무를 심는 편도 우리 사람들이고 파 헤쳐서 버리는 편도 우리 사람들이다. 생명이 움트는 시기에 온 천지가 꽃으로 화사한데, 물오른 가지가 그만 꺾이었으니 그 아픔이 오죽하랴. 더구나 담장 너머 인근 아파트 마당에서는 활짝 핀 목련이 그 자태를 한껏 뽐내고 있잖은가.

이제 가장 아름다웠던 목련꽃들은 거기에 없다. 내 곁에서 이웃으로 머물던 나무. 꽃가지가 꺾인 성목가지들은 찬연히 봄을 빛냈던 꽃향기 그윽한 지난 어느 날을 그리고 있을 것이다. 그리고 트럭에 실려 허섭쓰레기로 떠난 꽃가지들을 아쉬워하며, 버려진 나무의 아픔이 어떤 것인지도 헤아릴 것이다.

며칠동안 거실을 환하게 해줬던 꽃송이들이 점점 색을 바래기 시작한다. 비록 상처로 얼룩진 꽃봉오리들이지만 송이송이 꽃을 피웠다. 함박웃음은 아니어도 저마다 제 소임을 다하고 있다.

목련꽃 이우는 소리가 들린다. 가슴으로 듣는다. 잘려진 꽃가지들을 보면서 얼마 전에 읽었던 헤르만헤세의 시 한편을 문득 떠올린다. '가지가 잘린 떡갈나무' 이다

나무여, 그들이 너를 잘랐구나

너는 너무도 낯설고 기이한 모습으로 서있다!

나도 너와 같다. 잘려나가고
고통 받는 삶을 떨치지 못하고
날마다 고통을 딛고 일어선다.
수천 번도 더 잘린 나뭇가지에서
끈질기게 새 잎을 내민다. (중략)

(2007)

묘목을 심어 놓고

하늘을 올려다본다. 별이 쨍쨍하다. 비가 오지 않으리라는 것을 뻔히 알면서도 남편은 고향에 있는 사촌에게 전화를 한다. 논배미 물은 어떠냐고, 고추밭도 아직 그러냐고, 그래도 수박농사는 무던하니 조금만 더 기다려보라는 말로 위로를 한다. 엊그제 다녀왔으면서도 그렇게 염려하는 말뜻은 사촌의 농사일도 걱정이지만 우리 밭에 심어 놓은 묘목들이 안심찮아서 그렇게 안부를 묻는 터이다.

지난 3월 중순 경 묘목을 심었다. 울안 너르게 펼쳐진 텃밭이 아니고 본가에서 좀 떨어진 두두룩하게 언덕진 곳이다. 마을을 가로질러 구불구불한 고샅을 몇 차례 지나면 그 둔덕으로 오른다. 시부모님 생전에는 남에게 붙였던 밭이었다. 잡초 우거진 모습이 안 계신 어른께 큰 잘못을 저지르고 있는 것만 같아서 생각 끝에 묘목을 심어보자고 했다. 가끔씩 내려가는 고향집이니 날마다 손을 봐야 하는 남새밭은 감당을 못해도 심어 둔 나무는 그런대로 돌볼 수 있으려니 싶었다.

대전에 있는 화원에서 묘목도 골랐다. 왕벚나무가 크게 손 갈 일 없어 수월타는 주인의 말을 따라 1000주를 예약했다. 집에 돌아 온 남편은 어차피 밭 한 귀퉁이가 어설프게 남을 것이니 배롱나무 1000주를 더 심자고 했다. 왕벚나무와 배롱나무가 그런 연유로 해서 우리 밭으로 왔다.

화원에서 심어주고 돌아간 뒤 눈여겨보니, 어떤 나무는 뿌리가 드러나 있었고, 또 다른 묘목은 너무 깊숙이 묻혀있었다. 이튿날 깊게 묻힌 나무는 조금씩 들어 올리고 뿌리가 드러난 나무는 흙을 돋워주었다.

다 자란 나무를 옮겨심기는 했어도 배롱나무 묘목은 마른나무처럼 밋밋해서 마치 말 안 듣는 아이들 나무라던 회초리 같기만 했다. 과연 이 둔덕에서 뿌리를 내리고 살 것인지 안심이 아니 되었다. 왕벚나무 묘목은 군데군데 잎눈이 불거졌고 그 중간에 콩알만한 꽃망울도 눈에 띄었다. 줄기에 윤기도 있었고 연두 빛이 살아있었다.

나무를 심고 돌아오던 그날 밤 거의 뜬눈으로 지샜다. 피로 때문만은 아니었다. 나무는 자연의 섭리요 하나의 생명체였다. 그 생명체를 지킬 수 있을 때만이 나무를 길러낼 수 있을 것이었다. 한여름 햇살보다 뜨거운 불볕 아래서 잔뿌리가 마르면 어쩔거냐고 배롱나무 묘목 둥치를 들고 조바심하던 남편의 모습도 떠올랐다.

그가 배롱나무 묘목을 굳이 고집한데는 짐작 가는 게 있다. 우리 오두막집이 있는 춤다리에서 마곡사 쪽으로 바라보이는 산등성이에 잘 가꾼 어느 집 산소가 보인다. 그 산소 주변에 여름이면 붉게 핀 배롱나무꽃이 장관을 이루었다. 지나가다가 그가 언뜻 내비친 말은 '아버지 산소에도 저렇게 했으면……' 이었다. 시아버님 산소를 곱게 꾸미고 싶었던 가보다. 그리고 이다음 자신이 누울 자리에도 그런 나무를 심고 싶다고 했다. 아이들 커 날 때도 드러나게 애지중지하지 않고 어른들 눈밖에 나는 일없이 덤덤했던 사람이 지금 또 하나의 생명체를 앞에 두고는 어둠을 가르며 새벽을 열고, 별이 내려앉을 때까지 열성껏 돌보고 있다.

다행스런 것은 밭둑 아래쪽에 작은 웅덩이가 있다는 점이다. 물이라고 해야 풀숲에 잠기는 정도지만 고무호스를 대고, 그가 배를 깔고 엎드려서 깨끗지도 않은 그 물을 입으로 빨아올린다. 비록 수량은 적지만 고랑마다 졸졸졸 물이 흘러들었다. 봄 내내 가물었던 땅이 그 정도의 물로 해갈이 되는 것은 아니어도 어지간히 마음은 놓였다.

높드리는 물길이 닿지 않았다. 일일이 물을 퍼 올렸다. 두어 바가지 물마저 너른 밭 어디에 스며들었는지 뜨겁게 쏟아지는 마른 햇살은 젖은 자국도 남기지 않았다. 입은 옷이 땀으로 범벅이 되어도 더위쯤은 아랑곳하지 않았다. 아기에게 젖 한 모금이라도 더 먹이려는 애 어미 마음이 그런 것일까. 벌써 묘목을 심은 지 넉 달째다. 가뭄이 심하다 심하다 해도 이렇게 막막할 줄은 몰랐다. 밭작물은 더하다니 타는 목마름으로 기진해 있는 사람이 어디 우리뿐일까. 식수조차 바닥이 나서 급수차가 동원되고 있는데.

고향에 내려가서도 감히 우리 밭 걱정은 못한다. 다랑이 논에 어렵사리 물을 퍼 올려 모내기를 하는 그들에게 밭작물이 타버려서 식구들 먹을 것도 없다고 한숨쉬고 있는 이웃들에게, 자칫 배부른 소리라고 할까봐서 속으로 앓고 있는 터수다.

물기 한 번 올려 보내지 못한 마른 가지들아, 어서 변신하여 깨어나라. 가느다란 줄기마다 잎을 틔우고 가을이 오면 꽃눈을 맺어라. 꽃들을 매달고 저 너머 산등성이가 온통 하얗게 봄소식을 알리어라. 바람도 맞고 비바람에 눈보라도 맞으며.

어느 날은 강풍도 지날 것이니 그래야만 튼튼한 나무가 될 것이다. 나는 그런 바람으로 묘목들을 떠 올리며 기원을 한다. 언젠가 꽃이 활짝 핀 봄날이 오면 그 꽃을 보러 손주들이 몰려올지도 모를 일이다. 꽃잎 날리는 그때쯤이면 나도 그 아이들과 함께 그늘 밑에서 어린 묘목을 심고 비가 오지 않아 걱정하던 때를 아이들에게 들려주겠지. 적잖은 묘목들이 가뭄으로 타 버렸지만 남은 나무들은 건강하게 자랐으니 얼마나 감사하냐고, 감격스러움으로 그날을 회상할 것이다.

남편은 내일도 고향으로 전화를 할 것이다. 그리고는 " 형님, 오늘도 들녘에 다녀오셨것지유?"

궁금한 심사 접어두고 수화기를 내려놓으며, 오늘처럼 하늘만 올려다 볼 것이다. (2001)

아, 크로커스!

언제 움이 틀까, 꿈쩍을 않던 구근이 흙을 떠밀고 뾰조롬하게 새순을 틔웠다. 두 달 만이었다. 그 외떡잎으로 다시 또 두 달. 하도 잠잠해서 혹여 잘못되었을까 조바심이 났다. 잊어버리려고 했지만 모른 체 할 수가 없었다.

화분에 구근을 심은 것은 지난 해 10월 중순이었다. 독일여행을 다녀온 친구의 선물이었다. 크로커스라고 쓰인 꽃봉투를 받아 든 순간, 나도 모르게 아, 크로커스! 하고 외마디 소리를 냈다. 친구는 왜 그러느냐고 물었다. 어여뻐서 그래, 말은 그렇게 했지만 가슴에는 작은 파문이 일었다.

마음 속 일렁임을 눈치 채지 못한 친구는 어서 꽃봉투를 열어 보라고 채근을 했다. 보라색 꽃이 그려진 봉투를 열어봤다. 1센티 정도의 알뿌리 다섯 개가 들어있었다. 작은 마늘 한 쪽보다 더 작았다. 그렇게 시원찮던 알뿌리가 움을 틔웠으니 어찌 경이롭지 않으랴.

3월 들어서면서 조금씩 변화가 있더니 뾰족하게 올라오던 새순이 엊그제부터 연두 빛으로 물들었다. 오늘 아침나절에는 가느다란 잎줄기가 넷으로 갈라져 보인다. 심은 지 꼭 넉 달 만이다. 다섯 뿌리를 심었건만 다른 넷은 아직도 파릇한 채 있다. 보라색 꽃은 처음이라 그런지 가슴이 설레었다.

하루에도 수 없이 화분을 들여다봄은 멀고 먼 길에서 정성들여 가져온 친구의 마음이 귀하기도 했고, 그 꽃과 함께 여학교 때의 친구 정희의 모습이 생각나서다.

우리는 이웃에 살고 있어서 등하교를 같이했다. 책 읽기를 좋아해선지 늘상 책 읽은 얘기로 시간을 보냈다. 학교를 졸업하고 정희가 직장을 가지면서는 아무래도 뜸해졌다. 그러다가 나는 결혼을 했다.

우리 둘째아이가 걸음마를 뗄 때 정희도 결혼을 했다. 남자 성씨가 나랑 같다면서 무척 반가워했다. 그런 후 미국으로 건너갔다. 얼마 뒤, 사별을 했다면서 느닷없이 내게 왔다.

그렇게 미국에서 나온 뒤 한동안 아픔을 나누며 오갔다. 하마 올 날이 지났는데도 정희가 며칠째 소식이 없던 하루, 그의 동생이 나를 찾아왔다. 누구에게도 알리지 않은 채 소식을 끊었던 것이다. 들리는 말로는 절에 들어갔다는 말도 있었지만, 가족들도 모르는 얘기였다.

언제였던가. 우리 교회 교우의 집으로 구역예배를 보러 간 일이 있었다. 거실에 들어서자 베란다에 놓인 화분이 눈에 들었다. 가느다란 푸른 줄기가 무성했고 흰색 꽃 서너 송이가 피어 있었다. 처음인데도 낯설지가 않았다. 어디에설까, 딱히 집히는 데는 없었다. 돌아서다말고 그만 붙박힌 듯 제 자리에 서고 말았다. 아, 크로커스! 라고 중얼거렸다. 그 옛날 학교 등나무 아래 벤치에서 정희에게 들었던 얘기가 생생하게 되살아났다.

"부추있지. 어머니가 김치 담글 때 쓰는 거. 이파리가 비슷해, 가늘어. 꽃은 희고, 나팔꽃처럼 통꽃이야. 청초하게 생겼는데 빨리 시들어."

쉽게 져 버려서 꽃말이 기다림인가보다고 재미지게 웃었던 일도 생각났다.

졸업을 앞 둔 그 무렵 우리는 지난 시간들이 아쉬웠고 하루하루가 소중했다. 예의범절을 무엇보다 귀하게 여기던 여선생님들의 나무람. 학교바자회 때마다 밤늦도록 남아서 바느질이며 수놓던 일, 뙤약볕에서의 마스게임 연습 등. 귀찮게 여겼던 그 시간들이 그리움으로 남았다. 안타까웠던 것은 성적이 우수했던 정희가 상급학교 진학을 그만 둔 일이었다.

정희가 크로커스 꽃 얘기를 꺼낸 것도 그 때였다. '당신을 기다립니다' 라는 크로커스의 꽃말도 그날 들었다. 기다림이란 말만 들어도 애잔하게 느껴지던 시절이었으니, 그 꽃말은 왠지 아슴한 기억으로 남았다. 그날 이후 가슴 한켠에 애틋한 그리움으로 크로커스가 자리를 잡고 있었다.

그 기다림이 40여 년이 지난 이제까지 내 안에 남아 있을 줄 어찌 짐작이나 했을까. 살아오는 동안 그 친구가 마음속에서 떠난 적은 없었다. 그 꽃도 마찬가지였다. 그러면서도 꽃집에 가서 찾아 볼 생각은 안했다. 그냥 가슴 속에만 피어있는 꽃으로 여겼다.

그런 그 꽃이 지난 해 먼 이국땅에서 내게로 왔다. 이역만리 낯선 땅에서 뿌리 내리기가 쉽지 않으련만. 그래서 이 봄 꽃을 만나기가 더딘가보다. 나머지 알뿌리 넷도 얼마나 더 있어야 기지개를 켜고 일어날지. 새싹이 어서 자라 잎 피고, 꽃 피어 향기도 피우거라. 축원을 한다.

크로커스 새순을 바라보며 흰 칼라의 교복 입은 소녀시절도 그려본다. 그때는 보고 싶을 때 한 걸음에 달려가서 만나곤 했었는데. 정희가 뿌리 내린 곳이 척박한 곳이 아니었으면 싶다. 그 꽃이 내게 온 것처럼 혹여 먼 이역만리로 떠난 것은 아닐까. 머지않아 보랏빛 꽃을 피우면, 그 구근화초를 가져다 준 친구를 부를 것이다. 그리고 그때 못다 한 정희의 이야기를 담담하게 들려주리라.

햇살 드는 창가에서 오늘도 크로커스의 커 가는 모습을 지켜보고 있다. (2009)

백성당 주인

그날 나는 구파발을 들러 양재동으로, 다시 우리 동네로, 온종일 화원과 분재 가게를 찾아다녔다. 소나무 한 그루를 살리고 싶어서다. 들른 곳마다 너무 늦었다는 대답뿐이었다. 그나마 가게마다 문을 닫고 있었으니 어찌하면 좋을까. 우두커니 서 있었다.

그때 어둠 저편으로 친구의 모습이 어른거렸다. 몇 해 전 친구는 아랫녘을 다녀오면서 소나무 한 그루를 심은 화분을 가져왔다. 그 무렵 『수필과 비평』지에 '나무' 연작수필을 쓰고 있을 때였다. 잘 써보라는 격려와 함께 건네준 화분이었다. 남도 땅에서 분재만을 기르는 어른께 구한 작품이라고 했다. 오랜 세월 공 들여 정지, 정형을 거쳐 만들어졌음이 역력했다. 소나무와의 만남은 그렇게 이뤄졌다.

그해 가을 친구는 전주엘 다녀오는 길이라면서 또 한 그루의 소나무 분재를 들고 왔다. 원래 분재의 짝꿍은 돌이지만 두 그루 나무가 함께 있어야 좋을 성싶어 가져왔노라고 했다. 작달막했을 뿐 처음 가져다 준 나무와 생김새가 거의 같았다. 오뉘 같고 형제 같다고도 하고, 또 어떤 이는 그럴듯한 한 쌍이라고 찬사를 아끼지 않았다.

짝을 이룬 소나무는 낯가림 없이 건강했다. 들고나며 바라보는 것만으로도 흐뭇했다. 선물이기에 귀했고 손수 물주고 돌보았기에 더욱 소중했다. 이렇게 남다른 정성으로 가꾸던 나무가 엊그제부터 시들어 가고 있으니 안타깝기만 하다. 누렇게 변색된 나무를 다시 들여다본다. 분토가 적어 뿌리가 깊지 않으니 여름이면 하루에 두 세 번씩은 물을 주어야 할 것인데 나흘씩이나 집을 비우지 않았는가.

집을 비우면서 단속을 안한 것은 아니었다. 화분 받침에 물을 담고 화분 밑으로 물이 스미도록 임시조치를 했었다. 돌아와 보니 큰 소나무 화분받침에는 그때까지 물이 고여 있었는데, 작은 나무 화분 받침은 바짝 마른 채였다. 자세히 살펴보니 받침 가장자리에 실금이 있어 물이 샜던 것이다. 찬찬하게 챙기지 못한 나의 부주의가 원망스러웠다. 그런 생각에 잠겨 있는 바로 그때에 섬광처럼 머리를 스치는 그림이 하나 있었다. 그 집, 우리 동네 골목길에 있는 바로 그 집. 금은방, 그 집에서는 선뜻 받아줄지도 모른다는 생각이 든 것이다. 갑자기 힘이 실렸다.

한겨울만 아니면 사시장철 가게진열장 앞에는 계절의 순환이 놓여 있었다. 그 꽃들을 바라보며 오가는 발걸음을 멈추었던 집. 언 땅을 녹이던 매화가 꽃망울을 터트리며 진달래 봄은 멀리 있지 않다고 알리었고, 봄꽃의 눈부심이 지나고 작은 분마다 여름 숲이 우거지면, 곧 이어 어느 깊은 산골 단풍잎인들 그리 고울 수 있으며 빈 가지의 겨울 산이 어찌 그리도 아름답던가. 자연을 아끼는 마음이 없다면 그 많은 분재들을 그리 잘 가꿀 수 없었으리니….

자정이 가까운 시각. 먼빛으로 '백성당' 이라는 간판이 불을 밝히고 있었다. 망설임도 없이 가게 안으로 들어섰다. 자초지종을 들은 주인은 "두고 가세요, 살아납니다." 힘도 안들이고 그렇게 말했다. 얼마나 듣고 싶은 소리였던가. 진종일 헤매느라고 끼니도 놓쳤건만 그 한마디에 허기가 말끔히 가시었다. 너무 늦었다고, 소용없다고, 하는 말을 들을 때마다 목에 가시가 되었는데 친정집에 어린애를 맡기듯 가벼운 걸음으로 가게를 나섰다. 진열장 앞에 놓인 화분들이 새삼스럽게 정겨웠다.

여름이 가고 가을이 깊어서야 맡겼던 소나무를 만날 수 있었다. 잎과 줄기마다 생기가 돌아 가지마다 싱그러운 잎들이 다옥했다. 시들어가던 지난여름의 모습은 찾을 수가 없었다. 생명의 경이로움을 새삼 인식시켜주었다. 곁이 빈 큰 소나무와 눈을 맞출 때마다, 짝꿍이어서 오기를 바랐는데 이제 한시름을 놓을 수 있게 되었다.

아무렇게나 버려졌을 작은 소나무 한 그루. 생명을 소중히 여기는 손길이 있어 푸르름을 되살릴 수 있으니 어찌 감사하지 않으랴. 머지않아 친구와 만나게 되는 날, 나무 잘 있느냐고 묻는다면 아무렴, 아주 잘 지내고 있다고 큰 목소리로 대답할 것이다. 그러면서 여름 어느 날에 일어났던 안타까웠던 사연을 들려줘야겠다.

오늘도 귀금속보다 꽃이 더 아름다운 금은방 앞을 지날 것이다. 내 눈길을 기다리고 있을 나무들과 어서 만나고 싶다. (2005)

4

한 그루 나무이고 싶다

한 그루 나무이고 싶다

다시 태어난다면 한 그루 나무이고 싶다. 수많은 나무들이 합창하는 숲 속이어도 좋고 산등성이나 인적이 드문 너른 들녘 한가운데 있어도 좋을 것이다. 아니면 어느 한적한 오솔길이나 옹기종기 모여 있는 작은 집의 양지바른 뜨락이어도 좋을 것이며 온종일 차가 다니는 강변길이어도 마다하지 않으련다. 시냇가에 심겨진 나무이면 또 어떠랴.

할 수만 있다면 작은아이들을 위해 가지를 낮게 드리우는 나무이고 싶다. 이른 봄 막 돋아나는 새순을 적시며 내리는 빗소리를, 바람에 스치는 잎새의 속삭임을 들려주고 싶다. 그 아이들을 위해 꽃을 피우고 꽃맺이도 내어주고 나뭇가지 바라보며 열매가 익는 날을 기다리는 마음도 줄 수 있을 것이니…. 가끔은 아이들의 웃음소리가 잎새마다 수놓이는 날도 있으리라.

햇살 뜨거움을, 모진 비바람을, 가려주는 나무이고 싶다. 세월이 흘러 나뭇가지 어우러지는 여름날이 오면, 지친 마음 그 그늘 아래 쉼을 얻고, 한숨 쉬고 돌아서는 영혼들에게 하늘을 보여 주면, 소망을 얻고 사랑을 꿈꾸리라. 혹여 아픔으로 고통 받는 이에게는 나뭇가지도 아낌없이 떼어 주리라. 신의 축복 아래 머물 수 있으니 어찌 부족함이 있으랴.

황량하기 그지없는 겨울 산의 나무임을 탓하지 않으련다. 저마다 삶에 충실하여 일 몫을 다하고 가진 것 다 버린 욕심 없는 빈 가지들. 햇살과 바람 그리고 잠시 머물다 가 버린 새들의 지저귐, 그들이 남겨 놓고 간 이야기들이 가지마다 가득 괴일 것이니 부족함이 없으리라. 잎을 떨구는 소멸은 다음 계절을 위한 승화일 것이니 외롭지만은 않으리라.

일평생 한 자리에 서 있거나 혹여 사람으로 해서 이리저리 옮겨지고 잘리고 베어지며 수난을 겪는다 해도 슬퍼하지 않는 나무이고 싶다. 나뭇가지 사이로 하늘의 구름을 볼 수 있고 그 푸르름에서 생명의 기운을 충전할 수 있으니 어찌 감사하지 않으랴. 겉보다 속정이 도타운 나무로 풍요로운 결실을 맺을 수 있다면 무엇을 더 바라랴.

오랜 세월 나이테를 늘려 가는 나무이고 싶다. 곧은 나무의 기품이면 좋겠지만 굽고 옹이 져 마디가 불거지고 그래서 볼품이 없다 해도 주어진 분복을 마다하지 않으련다. 세월이 가면서 어린 나무들도 큰 나무가되고 그러면서 잘 늙어가는 나무가 되면 보기 좋지 않은가. 나도 저 나무처럼 늙고 싶다 그런 생각이 보는 이로 하여금 들게 되면 좋을 것이다.

나무에게도 언젠가는 수명을 다 하는 날이 있을 것이다. 다른 삶을 위해 기꺼이 내어주는 나무이고 싶다. 누군가에게 피곤을 기대어 앉는 의자로 쓰이거나 목수의 손에 맡겨져 어느 산골 가난한 살림으로 쓰여도 좋을 것이다. 그보다 청아한 울림의 악기로 다시 태어나 사람들의 가슴에 그리움을 전할 수 있다면 더 좋을 것이다.

내가 다시 태어난다면 이렇게 사는 모습들이 아름다운 한 그루 나무이고 싶다. (2006)

가지치기

가지치는 사람들을 바라본다.

나무 모양을 고르고 결실을 조절하기 위하여 곁가지 따위를 다듬는 일이 아니다. 가로수를 바짝 쳐내는 일이다.

두어 사람은 나무 위에서 톱질을 하고 있고, 또 한 사람은 길가에 수북하게 쌓인 나무더미를 나르기 좋게 한 다발씩 끄나풀로 묶어 트럭에 싣고 있다. 새싹이 트기 전이니 봄이라고 하기에는 조금 이르다. 겨울이 끝날 무렵 길을 가다가 흔히 볼 수 있는 풍경이다.

요즘은 그 일을 어찌해서 하고 있는지 알기에 굳이 고개를 갸웃거리지 않는다. 몇 해 전 처음 그런 모습을 보았을 때는 그냥 지나치지 못했었다. 해 묵어 잘 자란 나무들이 어쩌다가 전기톱에 무참히 잘리고 있는지 무심할 수가 없었다.

"나무를 왜 그렇게 다 베고 있어요?"

"거치적거려서요."

무엇이 거치적거린다는 말인지 짐작할 수 없었지만, 더는 물어 볼 수도 없을 만큼 사닥다리 위에 선 사람들의 일손이 바쁘게 움직이고 있었다. 서 있는 것조차 방해가 되는가 싶어 돌아서다가, 맞은편 길에 늘어선 가로수에 눈길이 멎었다. 미쳐 손대지 않은 겨울가지들이 우부룩 한 채 있었다.

봄을 기다리고 있을 나무들이 뜬금없이 잘려나갈 것을 짐작이나 했을까. 여름이면 지나는 사람들에게 뜨거운 볕을 가리는 그늘과 바람 한 자락으로 쉼터를 제공했을 나무들이다. 새들의 보금자리와 크고 작은 벌레들이 살아가는 터전이 되었을 것인데, 이제 그들은 어디로 몸을 숨길 수 있을까.

몇 발짝 걸음을 떼고 있는데, 거치적거려서 베어버린다고 했던 그 남자의 목소리가 등 뒤에서 들려왔다.

"그냥 놔두면 합선이 되거든요. 봄이 오기 전에 잔가지들을 걷어내야 합니다."

그제서야 무슨 뜻인지 알아들을 수 있었다.

전봇대에 연결된 여러 가닥의 전깃줄이 우거진 나뭇가지 사이로 드리워져있었다. 곁가닥 한 끝은 나뭇가지 아래쪽으로 얽혀있고, 또 다른 가지에는 너덧 가닥의 전선이 가로 걸쳐 포개져 있었다. 사방으로 뻗어나간 마른 잎새 두어 닢 매달린 빈 나무줄기와 전깃줄은 얼기설기 뒤엉켜 있었다.

윙-소리를 내는 전기톱이 무성한 나뭇가지를 이리저리 넘나들었다. 가로수는 순식간에 뭉턱뭉턱 잘려나갔다. 우듬지나 곁가지는 물론이고 지난해 자랐던 움돋이와 가장귀까지 베어졌다. 사방으로 뻗어나간 그 많은 가지들이 잘리고 나니 밑동을 보는 것처럼 나무는 금세 밋밋해졌다.

'저 나무 어디에서 가버린 날의 무성함을 기억할 수 있을까.' 한갓 기억 속에 남아있는 그림은 아닐까. 볼품없이 베어진 가로수를 물끄러미 바라보며 서 있었다.

잘려나간 나뭇가지를 바라보면서 측은한 마음까지 들었는데, 한 발짝 물러나 생각해 보니 내가 느끼는 안타까움보다 나무는 더 쉽게 받아 삭일 것이다.

우북했던 가지들을 쳐내고 나니 널찍하게 펼쳐진 하늘이 드높았다. 기둥처럼 생긴 나무들이 하늘을 이고 있었다. 걸림 없는 모습이기도 했다. 잔가지가 있었다면 쉴새없이 바람에 흔들리고 있을 것인데, 나무는 바람이 불어와도 끄덕 없이 서 있었다.

가지들을 다 잘라냈으니 전선줄을 건드리지 않을 것이고, 바람이 불어와도 그 바람에 쉼없이 휘둘리지 않을 것이고, 그늘짐 없이 햇살도 유감없이 받을 것이다. 비어 있음으로 누리는 여유로움이나 자유로움도 있을 것이다.

이제 나무들은 머지않아 솟아나는 생기로 연두빛깔 새순을 준비할 것이다. 그리고 여름날이 오면 짙푸른 목소리의 합창을 다시 들려주리라.

문득 그런 생각이 들었다. 우리 안에 있는 욕심도 저 나뭇가지 베어내듯 버릴 수는 없는 것일까. 불필요한 생각들을 가지를 치듯 그렇게 뭉턱 쳐버릴 수만 있다면. 마음을 붙잡고 있는 일상의 사소한 일이면서도 그냥 두면 옹이가 될 생각들. 미움과 원망 그리고 불평의 가지들까지.

소유와 치레들은 또 얼마나 많은가. 어찌 보이는 것뿐이랴. 답답하고 무겁게 느껴지는 무형의 것들도 셀 수 없이 가슴 가득 담겨 있으니…

몇 해 전 가지치기하는 나무를 처음 바라보면서 모두를 버릴 줄 아는 의지가 내게도 있었으면 하고 생각에 잠겨 있었는데, 아직도 그 모두를 끌어안고 있는 지금, 상념에 젖어있던 그때를 돌아보며 서 있다.

스산한 바람이 어깨를 스친다. 다시 일상으로 돌아온다. 가지치기하던 남자들은 어느새 떠나버리고 빈 나무둥치는 미동도 없이 서 있다. 전깃줄이 바람에 흔들리고 있다. (2005)

네팔의 나무 짝짓기

네팔(Nepal)에는 나무를 결혼시키는 풍습이 있다. 특정한 나무로만 짝을 지어 주는 것이다. 그 일은 오랜 전통이면서 특히 여인들이 지성으로 가꾸어오는 의식으로 자리 매김하고 있다.

네팔 어디서나 마을 언저리에 나무 두 그루가 서 있는 모습을 볼 수 있다. 그런 풍경은 우리나라에서도 마찬가지여서 처음에는 무심히 보아 넘겼다. 자주 만나다보니 모양새가 범연치 않음을 알게 되었다. 우리나라에서는 당산나무 혹은 정자나무라고 해서 대개 큰 나무가 홀로 서 있기 예사다. 설혹 여러 나무가 줄지어 있는 경우도 있긴 하지만, 그것이 규격화되어 있지는 않다.

마을 앞에 짝지어 선 두 그루 나무는 하나가 외줄기로 미끈한 반면, 다른 하나는 가장귀가 져 있다. 가장귀 진 가지 갈림은 꼭 두 가닥이

어서 사람 삶을 연상케 한다. 그런 배치는 분명 의도적인 것임에 틀림이 없다.

두 그루 나무가 나란히 서 있는 갓 둘레에는 반듯한 돌로 나지막하게 단이 쌓여 있다. 높낮이의 들쭉날쭉은 있어도, 둥그렇거나 네모진 돌 단 생김새는 얼추 비슷하다. 언제 보아도 어질어짐 없이 정갈하다. 가끔씩은 나무아래 꽃이나 음식물이 놓여 있기도 하는데, 그런 날이면 단정한 모습으로 고개를 숙이고서 두 손을 모으고 서 있는 여인네를 볼 수 있다.

하루는 수도 카트만두에서 중앙네팔에 있는 작은 도시 무그링을 지나 포카라를 향해 가고 있었다. 도중에 잠시 쉬게 된 마을에서 예사롭지 않은 정경을 만났다. 마을 어귀에 어김없이 자리하고 있는 큰 나무 곁에 작은 나무 한 그루가 기대듯 서있는 것이다. 지주까지 받쳐진 것을 보면 심은 지 오래 되지 않은 것 같은데 가장귀진 것이 분명했다.

알아보고 싶어졌다. 우리 일행의 길잡이로 나선 청년에게 물었다. 그는 네팔에서 학교를 마친 뒤 우리나라 서울에 오래 유학해서 우리말을 유창하게 구사했다. 네팔에는 많은 부족이 섞어 살며 힌두교를 섬기는 때문인지, 신의 계보가 복잡하고 각자 섬기는 신도 다양하다. 그래선지 구전되는 이야기에도 어김없이 여러 신이 등장한다. 그 청년 이야기도 신의 가닥풀이로 시작 되었다.

옛날 하늘에는 신이 많았다. 창조신인 시바, 선악신인 브라마. 그들 아래로 여러 덕목을 관장하는 신들이 있었다. 그리고 그들은 여러 부인을 거느리고 살았다. 그중 하나인 디누스 신이 결혼을 했다. 아내는 남편 디누스만을 사랑했기 때문에 다른 신들은 섬기지 않았다.

차츰 하늘에 관심이 열어진 디누스는 오히려 하늘에 감춰진 보물을 훔치려 한다. 그 낌새를 알아챈 다른 신들은 디누스를 전쟁터에 보내 죽게 만들려고 한다. 그런데 한 남자를 지극히 사랑하는 여인이 있으면, 그 사랑의 힘 때문에 남자는 죽지 않는다.

디누스는 전쟁터에서 죽지 않았다. 신들은 다른 꾀를 냈다. 생김새와 목소리까지 똑같은 다른 남자를 디누스의 아내에게 보냈다. 여자는 남편이 돌아온 줄 알고 그 밤을 함께 지냈다. 이튿날 아침에야 남편 아닌 딴 남자임을 알았지만 디누스는 부정한 아내로 인하여 전사하고 만다.

자초지종을 안 또 다른 신들은 시바 신에게 디누스를 소생시켜달라고 간청한다. 하지만 디누스의 아내가 이미 정결을 잃었으므로 시바 신은 그 간청을 들어주지 않았다. 뿐만 아니라 남편을 만나고 싶어 하는 여인의 간절한 애원도 받아주지 않았다.

여인은 날마다 울음으로 지샜다. 그 정황이 가긍했던가, 시바 신은 이렇게 말했다. 비록 이승에서는 여인의 소원이 이루어지지 않는다 해도 내세에서 다시 만날 수 있음을 일러주었다.

수천 년을 홀로 살아라

수천 년을 돌로 살아라

그리고 나무로만 살아라

여인은 수천 년을 홀로 살았다. 또 수천 년을 돌로 살았다. 그런 후 죽어서 보리수나무가 되었다.

후세 사람들이 여인의 애절한 이야기를 기리기 위해 디누스를 상징하는 나무와 그의 아내를 상징하는 나무를 짝으로 심어 결혼을 시키는 것이다. 영원히 헤어지지 말고 같이 살라는 기원을 담아서. 그런 연유로 보리수나무만이 신랑 신부로 선정될 수 있다.

히말라야나 인도가 원산지인 보리수나무는 네팔 어디서나 자생하는 큰 키 늘 푸른 나무다. 그곳 사람들은 성性을 구별해서 외줄기로 뻗으면 숫나무 '보오'이며, 가장구지면 암나무 '피팔' 이라 부른다. 생태적으로 자웅이주雌雄異株인지, 아니면 다만 민속적으로 가정하여 그리 부르는지는 명확치 않다.

우리나라에서 보리수라고 부르는 떨기나무와는 사뭇 다르다. 굵은 줄기마다 기근氣根이 드리워져 땅속까지 파고든다. 이파리는 하트 모양이고 꽃은 아주 작게 맺힌다. 나무 짝짓기는 아무 때나 하는 것은 아니다. 마을 주민 가운데 기원할 일이 있거나 아이를 낳고 싶은 여인이 있으면 그 의식을 맡게 된다.

대부분 오래 전에 결혼식을 올린 나무들인지라, 둘 가운데 하나가 천수를 다 하거나 어떤 사고를 당해 나무가 죽기라도 한다면 보식補植하게 된다. 암나무가 있던 자리에는 암나무를, 숫나무 그루에는 숫나무를 심는다. 이미 한쪽은 거수巨樹로 자랐을 터인즉, 뒤미처 심는 나무는 어차피 작을 수밖에 없다.

포커라 가는 도중에 보았던 작은 나무가 바로 그런 사연을 지닌 새

각시 피팔이었던 것이다. 나무에게 짝을 지어주는 그 풍속은 사람 사는 이치와 다를 바 없지 않은가. 잎새를 날리며 그렇게 열망하던 내세를 꿈꾸면서 돌 단 위에 서 있을 두 나무. 비바람 몰아치는 척박한 산자락 동네 어귀에서 아낙네들의 가슴 아린 아픔을 들어주는 짝 나무. 때로는 오가는 이들의 쉼터가 되어줄 부부 나무.

오늘도 어느 마을에선가는 천수를 다한 나무가 곁을 떠나면 살아있음의 끈을 이어주면서 원시原始의 숲에서 울부짖던 디누스의 여인을 떠올릴 것이다. 그리고 날이 밝으면 음식을 올리고 꽃을 바치면서 여인들이 또 다른 소원을 빌고 있을 터이다. (1998)

바다를 그리워하는 곰솔

곰솔을 만난 것은 지난봄이었다.

전주 신아출판사에 밤손님이 들어 큰 어려움을 겪었다는 소식을 들었다. 내가 가서 무슨 도움이 될까마는 작은 마음이라도 위로가 될까 싶어 내려갔다. 사장님과 인사를 나누고 막 자리에 앉았을 때였다.

"기왕에 오셨으니 곰솔나무나 보고 가시죠."

만나고 싶었던 나무가 바로 가까운 곳에 있다니 무척 반가웠다. 바닷가에서 자라 해송海松이라고 부르는 곰솔이 바다가 아닌 먼 내륙 전주에 자리 잡고 있다는 것이 늘 궁금했었다. 전주는 내가 자란 고장이니 곰솔나무를 찾을 수 있다면 더 큰 의미가 있을 것이라고 여겼기 때문이었다.

더구나 『수필과비평』에 '나무'를 연재하면서 더 큰 관심을 가질 수

밖에 없었다. 여러 군데 수소문 했지만 알고 있는 사람이 없어서 늘 안타까웠다.

서둘러 도착한 곳은 삼천동. 예전에 내가 커나면서 살았던 교동이나 풍남동에서 생각한다면 삼천동은 아주 먼 곳이었다. 도시계획으로 만들어진 새 동네라고 했다. 아파트가 들어선 아스팔트 넓은 길에 자동차 매연이 뿌옇게 내려앉았다.

"전주에서 오래 살았어도 여기에 이런 큰 나무가 있는 줄은 몰랐어요."

동행했던 출판사 유인실 부장의 찬사다. 그는 나무를 향해서 카메라 셔터를 계속해서 눌렀다.

"나무가 하도 커서 영상으로 잡히지가 않아요. 나무를 반씩 나눠 찍어서 두 장으로 이어 붙일까 봐요."

그의 목소리는 쏜살같이 내빼는 자동차 소음에 잦아들고, 부산스럽게 움직이는 그의 팔 동작만 멀찍이 보인다. 카메라의 네모진 렌즈에 곰솔의 영상을 담기에는 그 위용이 대단했다. 외줄기로 올라가다가 굵은 가지 열 여섯이 수평으로 펼쳐졌다. 마치 한 마리의 학이 날개를 펴며 땅을 차고 하늘로 날아가려는 모습이었다. 옆으로 너르게 펼친 가지 끝 부분을 철재받침대가 받치고 있었다. 어디를 보아도 270년을 살아 온 나무 같지가 않았다. 잎이 푸르렀고 둥치에 큰 생채기도 없었다. 거북등 모양으로 갈라진 수피만이 오랜 세월 비바람을 이긴 흔적으로 보였다.

내륙지방에 서 있는 것도 특이한데 나무의 수형과 가지펼침이 아름답기 비할데가 없었다. 나무 가까이에는 '張氏松亭' 이라는 표석이 서 있다.

전주 삼천동 곰솔나무

천연기념물 제 355호

소재지 전북 전주시 완산구 삼천동 44-1

높이 12미터, 가슴높이의 나무둘레 9.62미터.

수관은 동서 길이 34.5미터, 남북길이 29미터

곰솔이 서 있는 곳은 원래 인동장씨 묘역이었다. 조상의 묘 앞에 표송標松으로 심었으며 1920년 장씨 문중에서 나무둘레에 축대를 쌓고 보호해 오다가 지금은 전주시에서 관리하고 있다.

나무를 만나고 돌아오니 나무에 대한 궁금증이 더 했다. 많은 역사를 지닌 채 지금은 정지된 듯한 모습으로 서 있는 곰솔나무에는 숨겨진 비화가 있을 것만 같았다. 마을의 크고 작은 일, 장씨 문중에서 있었던 일까지. 어른들뿐 아니라 아이들 커 가는 이야기까지도 간직하고 있을 것이었다.

수소문 끝에 장씨문중의 한 사람과 통화할 수 있었다. 나이 든 어른들이 안 계신 지금, 무슨 이야기도 기억되는 것이 없다고 했다. 긴긴 시간 나무에 얽힌 삶의 흔적이 어찌 없을까마는, 시市 홍보실과 문화재관리국에서도 표석에 써 있는 것 외에는 크게 보탤 것이 없는 성 싶었다.

곰솔이 있는 자리는 그 옛날 농경지였으며, 그 뒤쪽으로 장씨 사당이 있었고 그 옆으로는 과수원이 있었다고 한다. 얼마 전 택지로 개발되고, 8차선 도로확장공사가 이루어졌다. 그런 연유로 곰솔은 큰길보다 낮고 움푹 패인 곳에 서 있었다. 큰비라도 쏟아지면 나무가 물구덩이에 잠기게 생겼으니 걱정이 앞선다. 함께 어울렸던 많은 나무들의 간곳을 모르니, 지금은 자동차 소음과 매연으로 얼룩져 홀로 서 있을 뿐이다. 주변 환경의 악화로 차츰 노쇠가 가속화 될 것이고, 지름이 3.8m나되는 밑동에도 구멍이 팰 것이며 나무껍질도 쉬이 썩어갈 것이 아닌가.

큰 길 쪽에서 바람이 불어온다. 그 바람이 곰솔 가지에 내려앉는다. 기척을 느끼게 하는 것이 바람 소리인가, 가지 흔들림일까. 날아오를 듯 넓게 펼친 가지는 짙은 그늘을 드리울 것이고, 바람도 넉넉히 쉬어갈 것이다. 그 가지에 깃든 새들은 날개를 고이 접고 밤을 지새며 그 바람과 나눈 밀어들도 있으련만. 바닷바람을 좋아해서 바닷가에서 살았을 것이고, 그래서 해송이라 불렸을 터인데. 가물가물한 기억 속으로 묻혀버린 그 옛날의 바다를 그리워하고 있을까.

전주에서 가까운 익산 일대가 예전에는 배가 들어오는 해안이었다는 기록으로 봐서, 해양성 기후일 당시에 자라던 곰솔이 그 자리에 있었던 것이 아닐까. 익산에 있는 미륵사지에서 곰솔의 열매가 출토되었다는 것으로 보아도 그럴 듯하다. 많은 세월이 지나면 사람들은 이곳에 산이 있었다는 것도 잊어버릴 것이다. 하지만 그 나무는 기억할 것이다. 산이 있었고 마을이 있었으며 가을의 향기와 봄의 꽃들을. 그리고 여름을 기다리며 오는 겨울을 견디었다고.

곰솔을 만난 뒤 이런 생각을 하게 되었다. '천연기념물인 곰솔이 우리 곁에 가까이 있는데도 그동안 알려지지 않은 것은 우리의 무관심 때문이 다.' 내 집 마당의 나무 한 그루를 베는데도 2~3년이 걸릴 만큼 까다로운 절차를 밟아야 하는 독일처럼 우리는 언제쯤 수백 년의 역사를 지닌 고목 한 그루의 가치를 인정하고 아끼게 되려는가.(2000)

화신 앞 그 나무

어느 숲 속의 나무였을까.

봄, 여름, 가을, 겨울을

몇 번이나 지냈을까.

어느 새가 날아와 앉아

울고 갔을까.

어떤 짐승이 보금자리를

틀고 싶어했을까.

나무는 자라가면서

무엇들을 바라보았을까. (용혜원)

"밤 사이에 나무들이 생겨났어요. 어제까지도 없었는데. 얼른 화신 앞으로 가 보세요”

아침 출근길인데다가 대로변에 차를 세우고 있어 긴 얘기 나눌 수 없다는 말을 남기고 친구는 전화를 끊었다.

전신주만큼 큰 나무가 하룻밤 사이에 어떻게 생겨날 수 있을까. 더구나 잎새가 푸르다고 했는데 아직 2월이다. 서둘러 그곳으로 갔다. 바쁘게 오가는 자동차 소음이 큰길을 가득 메우고 있는 화신 앞. 빽빽이 들어 찬 빌딩 숲 사이로 하늘에 닿을 듯 늠름한 모습의 나무들이 솟아 있다. 여남은 그루가 아니었다. 아주 오래 전부터 그 자리에 뿌리내리고 살았던 해묵은 나무처럼 아름드리 메타세콰이아가 서 있는 것이다.

고개를 젖히고 하늘을 향해 나무 끝을 올려다보았다. 듬성듬성 가지를 솎아낸 성근 나뭇가지 맨 꼭대기, 그 연한 우듬지에 푸르스름하게 윤기가 흘렀다. 그리고 그 가지 끄트머리에도 벌써 봄의 빛깔이 물들고 있었다.

피라미드 모양으로 수려한 나무들은 대여섯 그루씩 짝을 지어, 여기 저기 서 있다. 하도 커서 지주목을 세울 수 없었던가. 나무와 나무 사이를 길다란 막대기로 몇 그루씩 비끄러맨 그 모습이 되레 정다워 보였다. 서로 마주보며 어깨를 맞대고 이야기를 나누는 듯 했고, 나무들의 웃음소리랑 소곤대는 얘기들도 들리는 것만 같다. 삭막한 종로 거리에 어느 날 푸름으로 우뚝 선 메타세콰이아는 경이로움이었다. 그제야 바쁜 시간에 전화를 해준 친구의 마음을 헤아릴 수 있었다.

보리 고개가 있던 시절, 그 친구는 시골 부모님의 걱정을 덜까싶어

입주가정교사를 하며 대학을 다녔다. 요즘처럼 넉넉한 보수가 아닌, 교통비정도 받는 것이 고작이었다. 적은 용돈으로 갈 곳이 없는 그는 늘 서점에서 책을 읽거나 개봉극장을 거쳐 온 영화만을 상영하는 화신백화점의 작은 영화관을 찾았다. 주말이면 만나는 고향친구들도 빈 주머니는 마찬가지. 그저 터벅터벅 걷다가 어둑해지면 화신 건물에 올라 흐릿하게 밝혀지는 불빛들을 바라보며, '저 많은 집들 속에 머리 둘 곳이 어디에도 없구나' 라는 허허로움으로 망연히 서 있었다. 일터를 오가느라 화신 앞을 지나는 요즘에도, 그 옛날 어려운 때를 돌아보며 그곳을 한 번 더 바라보게 되더라 했다.

화신백화점은 종로 2가 네거리에 자리 잡은, 일제 강점기에 민족자본으로 건축한 우리나라에서 가장 높은 최초의 백화점 건물이었다. 맨 꼭대기에 서면 서울을 한 눈에 볼 수 있었다는 유서 깊은 건축물이다. 지난 해 그 건물이 헐리고, 그 자리에 현대식 빌딩이 들어서 국세청이 쓰고 있지만, 아직도 화신이라 부르는 것은 오랜 기억 때문이리라.

나무들은 하루가 다르게 초록으로 짙어졌다. 작은 이파리 사이사이로 하늘이 보이기도 하고, 그 가지 끝에 빌딩 창문이 하얀 달처럼 걸려있을 때도 있었다. 그 나무들과 만난 그날 이후, 오순도순 모여 있는 정감어린 모습들을 보고 싶어서 일부러 그 앞을 걸어서 지난다. 그리고 나무에 등을 기대어 잠시 마음을 뉘었다 털고 일어난다.

나무를 심은 사람은 무슨 생각을 하며 심었을까. 여러 곳에 전화를 하고 찾아다니는 동안 여린 싹은 녹음으로 짙어졌다. 광장에 선 나무들이 갈색으로 물들어 가는 며칠 전, 조경을 담당했던 분을 만날 수 있었다.

"도시의 미는 도시의 선을 이루는 건축물과 가로수입니다. 건물과의 조화를 염두에 두고, 고층건물의 집합지인 그 광장에는 곧게 뻗은 메타세콰이아로 직선미를 강조했습니다. 또 하나는 예전부터 그 자리에 있었던 것처럼 완성품으로의 나무를 심는 것입니다."

나무를 심어놓고 10년 뒤쯤에나 제대로 된 모습을 볼 수 있으리라는 생각이 아닌 것이다. 경기도 파주에서 뿌리 내렸던 35년 생으로 15미터쯤 되는 큰키나무이다.

작품성 있는 조경을 하려면 우선 나무를 결정한 후 4년에서 5년여의 기간을 두고 뿌리돌림을 해서 이식 준비를 한단다. 그랬기에 화신 앞 나무들도 오래 전부터 그 자리에 있었던 것처럼 느낄 수 있었으리라. 서른 그루를 예정했지만 지질조사 결과 옆 건물 땅 밑으로 케이블 맨홀이 있어 스물일곱 그루를 심었다고 한다.

오랜 시간 가꾸고 기다렸기에 본래 자리가 아닌데도 끄떡없이 푸르름을 지킬 수 있는가. 그렇게 긴 시간 정성을 들여야만 다른 사람에게 아름다움을 전할 수 있는가보다.

오늘도 거침없이 자라난 나무들에 도시의 햇살이 비친다. 매연으로 희뿌옇지만 여전히 생명은 움튼다. 빈 가지는 겨울 내내 푸른 희망을 키울 것이다. 그래서 외로움을 안고 지나는 이에게도 아픔으로 멍든 마음에도 짧은 만남 속에서도 밝음을 주고 평안을 주었으면 싶다. (2000)

꽃잎을 잃은 국화

그 아주머니와 내가 만난 것은 10년이 더 되었을 것이다. 가을이 오고 집수리를 시작한 다음날 길 건넛집에 이사를 왔다. 골목이라고 하기에는 좀 넓은 길을 사이에 두고 마주 보는, 초록색 지붕의 예쁜 집이다. 그림 동화책에서 읽었던 과자로 만든 집처럼 생겼다고 해서 우리 애들은 '과자집' 이라고 부르곤 했다.

그 집에는 벌써 대학생이 둘이나 있고, 그이가 나보다 나이도 더 들어 보여서 아주머니라고 불렀다. 우리는 비슷한 날짜에 집수리를 하고 있어, 얼마나 힘이 드느냐며 서로 웃음을 나누다보니 어느새 가까워졌다.

그 집은 우리보다 여러 가지로 넉넉해 보였다. 이층에는 잘 정돈된 홈바도 꾸며져 있었고, 지하층에는 사우나 시설도 갖추어져 있었다.

나도 그 나이쯤 이면 저렇게 '과자집' 처럼 꾸미고 살게 될까 상상을 해 보지만, 어림이 잘 안되는지라 우선은 꽃밭부터 예쁘게 꾸며보리라 소박한 마음을 먹었다. 무슨 꽃을 어떻게 심을까 궁리하고 있을 때 그 아주머니가 우리 집에 놀러 왔고, 국화 전시회에 가겠느냐는 말에 선뜻 따라 나섰다.

꽃을 보러 갈 때는 늘 가슴이 뛴다. 국화 전시장에 도착하니 여러 가지 모양으로 가꾼 대국大菊 중국中菊들이 저마다 아름다움을 뽐내고 있어, 어느 꽃과 눈을 맞추어야 할지 모를 지경이었다. 잔잔한 꽃들이 어우러진 소국小菊과 현애를 둘러보다가, 문득 국화에 남다른 정을 쏟으셨던 아버지 생각이 나서, 자색 현애와 노란색 대국을 골라 들었다. 그 아주머니는 보라색 소국과 흰색 중국을 갖고 싶어 했는데, 3층 탑처럼 가꾸어진 흰색 국화는 누가 보아도 욕심을 낼만했다.

국화가 있어 꽃밭이 더욱 풍성했고, 하늘도 마냥 푸르렀다. 봄가을로 서초동과 구파발 꽃가게를 오가며 우리는 무언의 약속을 했고, 그 일은 오랫동안 계속되었다. 그러던 어느 가을, 11월이 다 지나도록 나는 국화 전시회를 잊고 있었다. 궁금한 마음으로 '과자집' 에 들렀더니, 그 아주머니가 잔디밭에서 풀을 뽑고 있었다. 감기가 낫지 않아 병원에 다니다 보니 국화 보러 가는 것도 잊었다며 힘없이 웃었다.

이듬해 봄 꽃모종을 사올 때다. 그 아주머니는 예전의 환한 웃음 대신 근심이 가득한 얼굴로 자꾸 먼산만 바라보았다. 화훼농원에 다녀온 나는 밤이 늦도록 애들과 함께 꽃을 심어 2층 베란다와 아래층 테라스에 옮겨 놓은 며칠 후 '과자집' 에 들렀다. 아주머니는 자기 집에

서 우리 집을 바라보면, 봄꽃이 위 아래층 난간에 알록달록 놓여 있어 마치 스위스 산장을 보는 것 같다며 부러워했다. 우리 마당에서 올려다보는 것보다 그 집 2층에서 마주 보는 것이 화분의 자리며 꽃의 어우러짐을 한눈에 볼 수 있어, 봄이면 한 번씩은 '과자집' 2층에 올라가게 되었다. 그날도 새로 심은 우리 집 꽃도 볼 겸, 그 아주머니는 어떻게 심었는가도 볼 겸 그 집을 찾은 것이다.

그런데 아주머니는 병원에 들어간다면서 짐을 챙기고 있었다. 며칠 전보다 안색이 나빠 보였고, 고통스러워하는 아주머니의 모습에 그 집 2층에는 올라가지도 못하고 그냥 돌아서야 했다. 그 집 마당에는 벌써 심었어야 할 꽃들이, 뜯기지도 않은 채 비닐봉지 속에서 시들고 있었다. 몇 포기라도 살려야 할 것 같아서 꽃삽을 가져다가 어우러진 철쭉 근처에 심어 주고 나왔다.

여름이 되었다. 이층 난간에 있는 페튜니아 화분에 물을 주러 올라갔다가, 맞은 편 과자집 창가에서 희미한 그림자를 보았다. 머리에 수건을 두르고 우리 집을 바라보고 있는 그 아주머니였다. 하도 반가워 막 손을 흔들려는데 금세 그의 모습이 사라져버렸다. 그 뒤로 몇 차롄가 더 그 집엘 갔지만, 몸이 불편해 아무도 만나지 않으신다는, 일하는 분의 대답만 듣고 돌아왔다.

그 아주머니가 암으로 고생하고 있다는 사실을 알게 된 것은 얼마 후였다. 노랗게 물들기 시작한 감나무 잎이 오후의 햇볕에 더욱 영롱하던 날, 잠깐 들러 달라는 아주머니의 전갈이 왔다. 얼른 건너갔다. 얼마동안 마주하지 못한 사이에 알아 볼 수 없을 만큼 수척한 얼굴이지만 가벼운 화장을 하고 있었다. 보랏빛 꽃무늬 원피스 차림에 머리에도 같은 천의 스카프를 두르고 있었다. 딸의 혼사를 서둘렀더니 오늘 밤 함이 들어오게 되었다고, 그것을 보고 싶어 병원에서 잠시 외출했는데 내일 다시 병원으로 갈 것이라 했다. 이번에는 병원에 오래 있지 않을 것 같으니, 나오면 같이 국화를 보러 가자며, 일어서는 내 손을 힘없이 잡았다.

초저녁이 지나 시끌벅적한 함진아비의 외침이 텅 빈 잔디밭으로 쏟아지고, 온 집을 밝힌 불빛도 허허롭기만 했다. 그 무렵 나는 집을 나설 때나 돌아올 때, 그 집 대문 안에 무척 마음이 쓰였다. 무엇을 기다리기라도 하는 것이었을까. 반쯤 열린 대문 안으로 그림자 져 보이는 흰 국화는 마치 검은 리본을 맨 상장喪章처럼만 보였다.

땅거미가 마당에 내리고, 소슬바람에 떨어진 감나무 잎을 태우려고 꽃밭으로 나섰다. 그리고는 갑자기 가슴에 부딪히는 소리가 있어 얼른 대문을 밀쳤다. '과자집' 대문은 활짝 열렸고 흰색 국화로 꾸민 조화가 마당에서부터 대문 밖까지 줄지어 놓여 있었다. 겨울이 아직 남았는데 '과자집' 을 헐고 빌딩을 올린다는 이야기를 들었다. 몇 달이 지나자 그 자리엔 높다란 석조 건물이 들어섰고, 그렇게도 아끼던 잔디밭도 국화도 더는 볼 수 없게 되었다.

젊은 부인이 새로 들어 왔다는 말도 들렸다. 아버지 결혼식 날 울며 뛰쳐나간 딸이 있었다고…… 그해 가을 흰색 국화는 다른 해보다 이르게 꽃잎을 잃었다. 그 후로 흰색 국화를 나는 심지 않는다. (1995)

숲 나들이

광릉 숲으로 갔다. 지난밤 비까지 내렸으니 새움이 트는 숲을 볼 수 있으려니 해서다. 그런데 그늘진 곳에는 아직 잔설이 희끗하고 숲은 마냥 고즈넉했다. 으레 들르는 수목원 관찰원을 둘러보고 전나무 숲으로 가기 위해 소리봉 쪽으로 접어들었다.

소나무 정수리를 쓸며 지나가는 솔바람소리 그 사이를 흘러내리는 빛의 얼룩, 나무 밑 숲속에서 살고 있을 곤충식구들.

오랜 옛적, 우리 조상들이 이 땅에 터를 잡았을 때의 숲 모양이 그러했을까. 내가 발 딛고 선 이 자리, 울창한 수림 속에서 가슴 깊이 숨을 들이마시니 그 감회가 새삼스럽다. 하지만 지금 어디선가는 발전과 건설이라는 이름으로 자연을 훼손하고 있지 않을까.

두 번의 전쟁을 겪은 독일은, 산림을 전쟁배상금으로 가져가겠다는 전승연합국의 요구를 끝내 물리치고, 그 어려운 생활고 속에서도 숲을 지켰다. 그래서 오늘날 유럽 제일의 산림국으로 세계 으뜸의 삼림森林나라로 우뚝 서 있지 않은가.

숲은 생명을 낳고 그 생명을 키운다는 것을 그들은 일찍 인식했던 것이다. 그들의 음악, 철학, 문학도 숲에 대한 영감에서 잉태됐고, 그 주요 소재 역시 숲이었다. 그래서 독일 젊은이들의 첫째 소망은 숲지기 즉 호림관護林官이 되는 일이라고 하지 않던가. 오페라 베버의 「마탄의 사수」를 보면 나이 든 호림관의 후계자를 뽑기 위해 숲 속에서 사격대회를 연다. 승리자는 그 산림보호관의 대를 잇는 것은 물론 그의 딸을 얻을 수 있으며 숲의 영주로까지 결정된다는 내용이다.

그 나라를 여행하다보면 그 울창한 숲, 하늘이 안 보일 만큼 빼곡히 들어찬 나무들, 그 '검은 숲' 에 찬탄의 소리가 저절로 나온다.

우리네는 내 집 뜰에 정원수를 심는다거나, 마을 당산나무를 지키는데는 남다르다. 생활의 여유가 없기도 했지만, 우리의 정서는 숲의 중요성을 미처 알지 못했다. 비록 소설 속의 이야기지만 황무지에 수십만 그루의 나무를 심어 숲을 가꾸는 엘제아르 부피에를 생각해본다. 우리 숲이 이만큼이나마 녹화된 것은 어쩌면 부피에처럼 우직한 사람들의 숨은 노력 덕분일 것이다.

강한 바람으로부터 농경지를 지키기 위해 가꾼 방풍림. 지형적 결함 때문에 심었던 소나무 숲. 해풍을 막아 마을과 어족魚族을 보호하기 위해 만든 팽나무 숲. 그 나무에서 달콤한 열매를 따는 아이들에게, 그 열매에 독이 있다는 소문을 퍼뜨려 둔 지혜. 이것이 우리 어른들이 숲에 기울인 정성이었다.

생각에 생각을 얹다보니, 집에서 제 어미와 놀고 있을 외손주 서영이와 태형이 생각이 난다. 50년이 지나 그 아이가 장년기에 들어선 어느 날, 식구들과 함께 광릉 숲 나들이라도 가는 날이 있다면, 제 할미가 전나무 숲에서 이런 꿈을 꾸고 있었음을 짐작이나 할까. 지금은 우리 숲이 독일의 6분의 1밖에 안 된다고 하지만, 그때쯤이면 세 곱절이나 커질 것이다. 300여 년을 심어 가꾼 흑림黑林에 비할 수는 없어도, 머지않아 소양강댐의 열두 배나 되는 맑은 물을 갈무리 하는 숲이 될 것이라고 한다. 그렇게 되면 잃어버린 사슴과 노루가 돌아올 것이니 태초의 에덴동산이 되살아난다고 기대 아니하지 못할 것이다.

부푼 마음으로 전나무 수열을 바라보니 짙푸른 잎새 사이로 햇살이 광휘롭다. 작은 새 두 다리가 날아들어 가지 사이를 넘나들고 있다. 겨울 내내 푸르름으로 서 있는 전나무. 다른 나무들이 봄옷을 갈아입은 뒤에야 연두 빛 새순을 내며 묵은 잎을 떨구는 나무. 후대를 이으면서 오래오래 그 자리에 우뚝우뚝 하기를 바라는 마음으로 광릉 숲을 나왔다. (1999)

애기 개나리

춤다리 오두막집이 있는 산자락에 노란 물결이 일기 시작하는 것은, 개나리 작은 가지의 꽃망울들이 오므리고 있던 입을 방긋 열어 보일 때부터다.

해맑은 웃음소리 같기도 하고, 조잘대는 소리 같기도 해서 어디서일까 올려다보면, 가지마다 매달린 작은 꽃들에게서다. 마치 황금으로 만든 종 같아서 금새라도 뎅그렁 뎅그렁하는 소리가 울릴 것만 같은데 어느새 산비탈은 샛노랗다.

꽃이 먼저 피는 개나리는 언제부터 꽃과 잎으로 나뉘어 살게 됐는지는 몰라도, 먼저 핀 꽃들이 다음 해는 잎새를 꼭 만나겠다고 다짐하지만, 겨울잠을 자다 그만 잊어버리고 만다. 하지만 더불어 살 수는 없어도 한 송이 꽃으로 필 수 있다는 기쁨이 더 크기에 봄이 오면 온 세상에 꽃 소식을 전한다.

그렇게 모든 꽃들이 밝은 웃음을 짓고 있을 때, 먼산을 바라보며 시무룩해 있는 개나리 한 가지를 볼 수 있다. 어미 개나리꽃이다. 앙상하게 메말라 있을 뿐 꽃을 달고 있지 못하는 것은 어린 개나리가 어미 품을 떠난 뒤부터였다.

두 해 전이다. 아직 추위가 가시지 않은 2월. 오순도순 지내는 개나리 가족에게 예상치 못한 일이 생겼다. 갑자기 날씨가 포근해지자 개나리 형제들은 다투어 세상구경을 하겠다고 떼를 썼다.

"이상기온이란다. 진눈깨비 날리는 세찬 바람은 아직 저 구름 뒤에 숨어있지. 때가되면 눈부신 빛이, 그리고 다사로운 바람이 나비를 앞세워 우리 꽃들에게 입맞춤을 해 줄 것이다."

어린 개나리는 틈만 나면 나뭇가지의 굳은 살집을 비비며 꽃을 피우겠다고 안간힘을 다했다. 그 안타까운 모습을 보다 못한 어미나무는 이렇게 말을 했다.

"애기 개나리야, 참고 기다리면 어느 날 꽃가지를 적셔주는 봄비가 내릴 것이다. 그러면 생살가지 떼어내지 않아도 너는 꽃을 피울 수 있어. 그래야만 그 꽃이 오래오래 시들지 않고 넓은 세상을 노랗게, 그리고 연두 빛으로 색칠할 수 있을 것이니. 그때쯤이면 바람도 이슬비도 새들과 사람들까지도 반가움으로 맞아줄 것이다."

그러던 어느 날 애기개나리는 드디어 꿈을 이루고 말았다. 작지만 노랗게 꽃을 피웠다.

"아, 나는 해냈구나."

엄마와의 약속은 까마득히 잊어버린 채, 이상기온으로 듣는 빗낱이 봄비인가해서, 그리고 나부끼는 바람이 나비 등을 타고 오는 봄바람인줄 알고 그냥 종소리를 내며 꽃을 피웠다.

설레는 가슴을 안고 밖을 기웃거렸지만, 다른 개나리 가지에는 꽃이 보이지 않았다. 어느 곳을 둘러보아도 새순이 틀 것 같지 않고, 물이 오른 나뭇가지도 아니었다. 친구들의 속삭임도 들을 수가 없었다.

가끔씩 큰 나무 가지에 숨어있던 바람이 불쑥 가슴을 훑고 지나 소스라치게 할뿐, 비탈에 피어 난 작은 개나리꽃 한 송이를 반겨주는 사람은 아무도 없었다.

"이 추위에 웬 개나리야."

사람들은 그렇게 지나칠 뿐이었다.

문득 낯설어졌다. 하지만 조금 쓸쓸하다고 해서 꽃을 피운 그 자랑스러움을 어찌 잊을 수 있을까.

엄마를 어긴 일도 생살을 찢던 아픔도 다 잊어버린 채 산기슭에서 마을을 내려다볼 수 있음이 그저 대견하기만 했다.

"엄마는 삶에 대해서 나보다 아는 것이 없어. 남보다 앞서 가는 것을 어찌 나쁘다고 했을까. 땅위에는 온갖 신기한 것들이 많이 있고 엄마가 말한 것보다 훨씬 아름다운 세상인 것을."

곱게 차려입은 아이들을 만날 수 있고, 새들의 지저귐도 들을 수 있고, 푸른 하늘도 볼 수 있었다.

가슴을 적셔 준다는 봄비도 맞을 수 있었다. 하지만 그 것은 새순이 날 때까지 이상기온에서 잠시 스쳐 가는 빗방울이라는 것을 애기개나리는 아직 모르고 있었다.

애기개나리가 그렇게 사흘을 보낸 저녁 어스름, 하얀 가루가 바람에 날렸다. 고샅을 지나는 사람들 모두가 웅크리고 종종걸음 쳤다. 하늘에서 날리는 그 하얀 가루를 진눈깨비라고 사람들은 말했다.

쌩하는 소리를 내며 세찬 바람이 지날 때마다 그 하얀 가루는 노란 꽃잎위로 떨어졌다. 그때마다 어린 꽃잎은 시리고 아렸다. 껴안을 수 있는 형제들이 있나 둘러보았지만 나뭇가지에는 어린 꽃잎 혼자뿐이었다.

차츰 다른 나무들이 고요할수록 못내 지울 수 없는 그리움이었다. 잊었던 형제들과 모여 살던 집. 그리고 맑은 얼굴하나. 따뜻한 봄눈처럼 가슴으로 젖어드는 엄마개나리의 얼굴이었다. 엄마와 눈을 맞추면 훨씬 수월하리라는 생각이 들어 감싸달라고 소리쳤지만 엄마의 손길은 애기 꽃잎의 가녀린 숨결마저도 어루만져 주지 못했다.

가느다란 개나리가지에는 햇볕 한줌도 남아있지 않았다. 바람은 불고 또 몰아쳤다. 어느새 기슭이 하얗게 덮였다.

애기개나리는 그렇게 사흘 동안 세상구경을 했다. 엄마와 다른 형제들과 그리고 많은 이웃들과의 살가운 인연을 끊고서. 서성임도 없이 성급하게 세상으로 나왔다가 나비와 입맞춤 한 번 못한 채 시들고 말았다.

나리나리 개나리 입에 따다 물고요

병아리 떼 종종종

봄나들이 갑니다

세상이 온통 노랗게 물든 오늘, 모든 꽃들이 환희에 찬 노래를 부르고 있을 때, 어미 개나리는 나뭇가지에 숨어서 잦아지고 없는 애기꽃잎을 부르고 있다. (2000)

목련 꽃 그늘 아래서

목련꽃 그늘 아래서
베르테르에 편질 읽노라
구름 꽃 피는 언덕에서
피리를 부노라
아-- 멀리 떠나가
이름 없는 항구에서 배를 타노라
돌아온 사월은 생명의 등불을
밝혀든다.
빛나는 꿈의 계절아
눈물어린 무지개 계절아 (김순애 곡 4월의 노래)

목련꽃 봉오리가 부풀기시작하면 나도 모르게 서성인다. 깃봉처럼 벙긋거리던 꽃봉오리가 어느 날 순백으로 터져 눈을 부시게 하다가, 어느새 뚝 뚝하고 떨어져 버리곤 한다. 꽃잎이 떨어질 때마다 하얗게 뒤덮이는 나무 밑. 봄 내내 꽃이 지지 않을 것처럼 세상을 온통 흰 빛깔로 물들이다가 마지막 가는 꽃잎으로 봄을 여의고 마는 목련이다.

햇살 넘실대는 늦봄이 다 지나가도 흰 목련의 여운이 오래도록 남는 것은 마음속 깊은 곳에 꽃빛깔로 무늬 진 저 환한 기억 때문이다. 그 시간들이 불현듯 머릿속을 스쳐갈 때면 먼 하늘로 눈길이 간다.

꽃그늘 아래서 베르테르의 편지를 읽을 수 있었으면 하는 아련한 동경을 품은 때가 있었다. 마음에 새겨진 노랫말 때문이었을까, 몇 번의 봄이 이울었지만 마음속 영상이 아지랑이처럼 하늘로하늘로 피어올랐다. 아직 봄이 먼 곳에서 눈짓을 하고 있는 그 해, 베르테르의 마음이 봄기운으로 전해왔다. 새하얗게 드러난 꽃잎들도 흰색이 묻어날 듯 드높은 하늘에서 더욱 빛이 났다. 얼어붙은 대지를 녹이고, 움이 돋고 꽃을 피워 온 땅을 충만함으로 채웠다.

꽃들이 서서히 시듦을 느끼고 있는 날, 우체국에서 기다려달라는 엽서를 받았다. 지금처럼 집집마다 전화가 없는 시절이었으니, 시외전화를 걸 일이 있으면 우체국으로 가야만 했다. 상대편에서 지정한 시간에 기다리고 있으면 이름이 불려졌고, 지금의 공중전화 부스처럼 생긴 곳에서 통화를 할 수 있었다. 한참을 기다린 끝에 전화기를 손에 들었다. 인사말 대신 노랫소리가 울려나왔다. 그 노래는 어느새 이 절로 이어졌다. 고맙다는 인사치레도 하기 전에 그는 노래를 끝내고 전화를 끊었다.

나는 지금도 그때 그의 속마음을 모른다. 만남이 있을 때면 곧잘 그의 노래를 듣곤 했지만, 전화선을 타고 들려오던 그의 노래는 헤어짐의 노래였는지 아니면 나를 좋아한다는 의미였는지를 헤아릴 수가 없다.

그날 이후 베르테르의 편지 대신 그 노래를 목련꽃 그늘에서 부르곤 한다. 현실의 고달픔이 있어도 나의 내부가 어두워지지 않음은 그의 노래가 내 안에 진실르 남아 있기 때문이다. 그 진실은 내 안에 흐르는 샘물이었으며 고단한 삶을 어루만져주는 다사로움이었다.

그 노래를 부르면 나는 아직도 그때 그 세월 속에 머물러 있다. 귓가에 수화기를 바짝 붙여서 행여 그 목소리가 새어 나갈세라 스스러움으로 얼굴 물들이던 그 모습으로. 그러면서도 더 오래오래 노래가 끝나지 않기를 바라는 마음으로 가슴 두근거리던 그때로.

하늘색 그 푸른 하늘 사이로 선명히 드러나는 목련꽃. 그 꽃이 그리도 빛이 나고 그 흰 빛깔이 그리도 희게 보이는 이유를 그제서야 알게 되었다. 우리 주변이 조금은 그림자 져 어둡기에 파란 창공에서 더욱새 하얀 모습으로 우리를 감동시키는 꽃이기도 하고 겨우내 시린 바람으로 웅크렸기에 목련이 더 빛을 낼 수 있는 것이라고.

일주일정도 밖에 피어 있지 못하는 꽃. 그렇게 짧은 만남이었지만 이 봄에도 그 나무 아래 그가 서 있는 그림은 아직도 빛 바램이 없다. 봄을 느끼면 꽃이 보이고, 하얀 목련이 피어나면 가슴 속 깊은 곳에서 그의 목소리가 깨어난다. 긴 세월이 바로 어제런듯 다가와 있지만, 더 많은 세월이 지난다 해도 나는 이렇게 그때가 오늘인양 꽃그늘 아래서 4월의 노래를 들을 터이다.

언제인가 내가 떠나가도 흰 목련이 피는 4월이 오면 누군가 그 노래를 부르며 그 꽃을 우러르면 또 한 시절 봄이 이울 것이다.

이제 그 노래를 다시 들을 수는 없어도 그 날의 추억을 꺼내어 이 봄에도 예런 듯 꽃그늘을 찾아 나선다. (2007)

꽃잔치

지난여름 친구의 개인전 오프닝에 가려고 집을 나섰다. 지하철을 타려면 큰길로 가는 것이 빠르지만 여름이면 늘 그렇듯 주택가 골목길로 들어섰다.

그 길은 우선 담 그늘로 해서 시원하고 또 울타리 사이나 그 너머로 눈요깃거리가 많다. 손질이 잘된 정원수 가지 펼침을 쳐다보기도 하고 모양새 좋은 꽃나무들을 기웃거리는 재미도 있다. 그렇게 몇 집을 지나다가 습관처럼 발길이 느슨해지는 곳이 꼭 한 군데 있다.

자그만 단층집인데 그에 걸맞게 나지막이 두른 울타리에 빨강이며 노랑 덩굴장미가 잘 가꿔져 있다. 그리고 옆집 담에 기대선 해바라기가 줄줄이 키 재기를 하고 뜰 안쪽으로는 별로 야단스럽지 않은 계절 꽃들이 올망졸망하다. 연둣빛 대추와 연초록 감들이 붉게 익을 가을을 기다리는 대추나무와 감나무가 짙은 그늘을 드리운다.

골목이 끝나는 지점에서 오른쪽으로 돌면 분리수거를 위한 쓰레기 하치장이 있다. 그곳에 허접하고 잡다한 쓰레기가 다 모아지고 이따금은 덩저리가 나가는 가전제품 따위도 놓인다. 청소차가 제때에 치워주면 몰라도 때로 처진 쓰레기더미로 해서 눈살이 찌푸려지기도 하는 터다.

그날따라 밀린 오물들이 풍기는 악취에 쫓겨 잰걸음으로 벗어나고 있는데, 그 어귀에 있는 꽃 더미가 곁눈질에 잡혔다. 버려진 화환이었다. 그것도 두 개씩이나 어긋매끼로 넘어져 있다. 무의식중에 멈칫 서졌다. 삼 단 높이로 꾸민 커다란 화환에 울긋불긋한 색깔의 꽃들이 사철나무 잎 사이에 꽂혀 있고 푸른 잎 사이엔 '축 개업' 이라 쓰인 리본이 매달렸다. 더러는 흩어지고 뭉개졌어도 큰 덩치는 전체적으로 멀쩡하지 않은가.

방앗간을 그냥 지나치지 못하는 참새마냥 마음이 자꾸 그리로 끌리지만 전시장에서 기다리고 있을 친구를 떠올리며 바삐 지하철역으로 향했다. 하나, 둘 층계를 내려섰다. 뭔가를 잊고 나왔을 때 느끼는 미진함이 뒤를 따랐다. 가끔 지갑을 놓고 나왔다가 낭패를 당했는지라 다시 더듬었다. 분명 지갑은 핸드백 속에 건재했다. 그런데도 곧장 뭔가가 내 뒷덜미를 잡아당겼다.

마지막 층계참에서 엉거주춤 망설이다가 홱 돌아섰다.

'그래, 이대로 갈 수는 없지.'

밖으로 나와서 온 길을 되짚었다. 좀 전에 골목길로 들어서는 청소

차와 마주쳤는데……. 그 꽃! 버려진 화환이 처분되기 전에 그곳에 가야하리라.

'아, 꽃! 꽃이 있구나.'

마침 차에서 내린 미화원들이 막 쓰레기를 싣기 시작하고 있다.

나는 얼른 "아저씨, 이 화환 꽃을 제가 가져가면 안 될까요?"라고 양해를 구했고, 아저씨들은 다 시든 꽃을 어디다 쓰겠느냐는 눈짓을 하며 고개를 끄덕여 주었다.

분홍색 글라디올러스는 벌써 시들었고 대궁이 굵은 국화도 고개 숙인 채다. 다행이 가베라의 줄기엔 가느다란 철사가 꿰여 있고 송이마다 플라스틱 싸개로 받쳐 있어 꼿꼿하다. 땅바닥에 흩어진 것들은 상했어도 화환 틀에 붙박인 것들은 건질 수 있으리라.

한낮의 볕은 뜨겁다. 30도를 웃도는 한여름 뙤약볕이 오죽할까. 얼마나 더웠느냐고 꽃송이 송이에게 내 맘을 전하면서 재빠르게 손을 놀려 그들을 뽑아냈다. 손이 하나둘쯤 더 있으면 좋겠다 싶었다. 얼굴에 땀이 물 흐르듯 한다. 아래쪽에 있는 꽃을 다 뽑았을 때 미화원 한 분이 내 손이 닿지 않는 위쪽의 것들도 거들어준다. 물에 담그면 금세 되살아날 거라는 내 말에 빙긋이 웃어주면서다.

바닥에 꽃이 점점 쌓여갔다. 욕심껏 추려내기는 했지만 집으로 나르는 일이 과연 수월찮겠다 싶어진다. 속눈썹으로 흘러드는 땀을 손등으로 연신 훔치지만 자꾸만 눈이 따가워진다. 외출복 차림으로 쓰레기장에서 꽃을 줍고 있는 내 모습은 누가 보아도 우스웠을 터이다. 수북이 쌓인 꽃을 한 번에 옮기지 못해 아름 가득으로 두 번을 날랐다.

세숫대야 세 개에 담그고도 그릇이 모자라서 김장 때 쓰던 물통을 더 꺼내왔다. 한 30분쯤 경과했을까? 고개 숙였던 꽃들이 얼굴을 들고 방싯방싯 웃는다. 꽃병 · 수반 · 옹가지 동그랗게 입을 벌린 그릇은 모두 꽃병이 되었다. 거실 · 부엌 · 화장실……. 온통 꽃 천지다. 집안 곳곳에다 빨강 · 노랑 · 분홍 물감을 뿌려놓은 듯하였다.

누구를 불러 이 기쁨을 나눈담. 누구 있어 나한테 이토록 많은 꽃잔치를 벌여 줄 수 있을까. 식구들을 깜짝 놀라게 해야지. 방에 들어와 거울을 보니 볕에 익은 내 얼굴이 꽃들처럼 발갛다. 근사한 외출복이 땀투성이로 구겨지고 스커트 앞자락엔 알록달록 꽃물이 들었다. 어느 화사畵師가 이토록 멋있는 얼룩무늬를 수놓을까. 거실에 나와 꽃들을 둘러보니 설령 얼룩진 채 입는다 해도 그리 흉하지 않겠고 옷을 입을 때마다 이 여름 꽃 줍던 한 낮을 추억하며 미소 지을 거라는 귓속말이 들렸다.

저녁이 되어서야 낮에 못 만난 친구에게 사과 전화를 했다. 그리고 꽃을 수확한 사연을 빠뜨리지 않고 전했다. 되레 더위 먹지 않았느냐는 걱정을 들으면서 수화기를 놓았을 때 수많은 꽃 친구들이 나를 향해 일제히 환호하며 박수를 보내왔다.

친구와의 약속을 꽃의 향연과 맞바꿈으로써 지난여름 일주일 동안 우리 집 거실은 꽃의 화가 '르동'의 캔버스였다. 전시회를 끝낸 친구가 집에 왔을 때까지도 그 꽃들은 시들지 않았었다.

모든 꽃들이 언제나 나를 바보처럼 굴게 한다.(1999)

5

꿈의 나이테

해마다 나의 봄은

꽃을 사러 구파발에 간다. 우리 집 뜰에 봄을 들이기 위해서다. 언제나 나의 봄맞이는 꽃 심기로 시작되기 때문이다. 한낮의 볕이 한결 따뜻해졌다. 이제 더는 지체할 수 없게 하여 집을 나섰다.

꽃모종을 서너 상자만 사리라. 하지만 늘 그랬듯이 꽃 시장에만 가면 집을 나설 때 다짐했던 마음 간 곳이 없다. 그만이나 줏대를 잃고 만다. 반드러운 햇살에 드러내는 프리뮬러 · 팬지 · 페튜니아 등 봄꽃들이 하 고와서다.

이집 저집 꽃가게를 기웃거려 보다가 단골집으로 들어갔다. 몇 마디 인사를 건네고 둘러보니 하우스 안의 무더기 무더기가 하나같이 내 맘을 끌어당긴다. 심을 곳을 대충 어림해서 이것 몇 개 저것 몇 개 하는 식으로 상자에 옮겨 담는다. 벌써 가슴이 뛰고 머릿속에는 꽃이 가득한 뜰에 양산을 받쳐 든 르누아르의 귀부인의 모습이 그려진다.

꽃 아닌 다른 무엇이 이토록 내 가슴을 두근거리게 할 수 있을까? 다 가져와도 성에 차지 않지만 뒤탈이 겁나서 그만하기로 한다. 그래도 예상했던 양을 훨씬 초과하지 않았는가. 다 옮겨 싣고 보니 자동차 안이 그대로 꽃밭이다. 핸들을 잡으니 콧노래가 절로 나온다. 하늘도 더 높아 보인다. 휘파람을 불 줄 알았다면 아마 행진곡 '콰이강의 다리' 쯤을 신나게 불어댔을 터인데.

앉아 있기만 해도 차가 저절로 미끄러지는 것 같다. 한참을 달리다가 신호등 앞에 멈추고 보니 어느새 독립문 앞이다. 다시 둘러봐도 여전히 차안이 꽃밭이다. 공연히 으스대진다. 그 순간 앞 유리에 언뜻 남편의 얼굴이 투영된다.

"웬 꽃을 이리도 많이 산겨?"

이제부터는 뒷갈망이 걱정이다. 해마다 겪는 일이지만 자꾸만 가슴이 두근댄다. 으쓱거리던 어깨에 힘이 빠지고 오른발이 자꾸 브레이크로 옮겨졌다. 어느새 우리 집 대문 앞이다. 손가락에 힘을 빼고 가만히 벨을 누른다. 딩동, 딩동 하는 소리가 여느 때 보다 큰 울림으로 가슴을 친다. 집에는 아무도 없었다. 참으로 잘된 일이었다. 열쇠로 대문을 따고 재빨리 모종 상자들을 뒤뜰 한구석으로 옮겼다. 앞마당에 줄줄이 늘어놓아 남편의 비위를 건드릴 필요가 없음이다. 한 이삼일을 두고 눈치껏 야금야금 옮기면 알게 뭔가 여기면서다.

팬지는 감나무 둘레에 심고 봉숭아와 맨드라미는 줄지어 심을 작정이다. 백일홍은 담장 끝 양지쪽에 심으면 짙은 색깔을 얻을 수 있겠고……. 그렇게 구상하는 동안에도 신명이 마구 뻗친다. 데리고 온 자식처럼 남편 몰래 물을 주기도 하고. 그럴싸하게 자리 보존 못해주고 뒤란에 감추는 내 마음 미안해함을 다 알아차리고 행여 걱정하지 말라는 꽃들의 속삭임이 참 기특하기도 했다.

하루에도 몇 차례씩 뒤뜰에 나가 살펴보고 방으로 들어와서는 남편의 기상도를 측정한다. 남편이 절대 안 된다면서 화를 내면 큰일이니, 꽃과 내가 기다릴 수밖에 없다. 섭섭하긴 해도 꽃을 마주할 때 받는 기쁨이 얼마나 지대한가. 나 혼자 꽃을 보겠다는 것도 아니고 집안 식구 모두가 즐길 수 있는 일인데 왜 그리 억제가 심한가. 때맞추어 물만 주면 서리 내릴 때까지 군말 없이 피어나지 않던가? 등등이 나의 소견 일색이다.

그렇지 않다. 그것은 낭비이고 그런 정신이 과소비를 부추긴다. 꽃을 피우고 열매를 다는 유실수가 집에 있는데 몇 달을 보겠다고 헛돈을 그리 쓰느냐는 게 남편의 주장이다. 밥은 안 먹어도 꽃은 있어야 되겠다는 나에게 의식주와 관계되는 이외의 짓은 불필요한 사치라고 밀어붙인다. 때마다 나는 입을 다물어야 한다. 감정이니 정서니 하는 따위 말을 아예 함구하고 만다. 해마다 봄이면 남편의 지론과 나의 낭만은 연중행사로 맞선다. 주눅이 드는 쪽은 언제나 나인 척 하지만 판정은 누구보다도 봄철이 도맡는다. 꽃모종은 작은 비닐포트 속에 들어있어서 보살피기만 하면 꽤 여러 날을 그대로 잘 자란다. 하지만 꽃을 너무 오래 가두어두는 것도 미안한 일 같고 또 남편의 눈도 기일 겸해서 나 혼자 조금씩 갈라서 옮겨 심는다. 그러다가 애들이 일찍 들어오는 하루를 잡아 꽃 심는 일을 본격적으로 시작한다.

꽃의 종류, 색깔과 키 따위를 재량해서 이리저리 배치한다. 해마다 거들어 왔던 터라 아이들도 제법 손발을 잘 맞춘다. 많게만 보이던 모종도 이리저리 흩고 나니 되레 부족한 느낌이다. 그러기에 꽃가게만 가면 그리 욕심을 부리곤 하는 것이리라.

다음날 아침 일찍 나가 보니 전날에 심은 것들이 다 빳빳하고 싱싱하다. 햇살마저 더 눈부신 것 같다. 남편은 오늘도 알아차리지 못하고 넘어가 주었다. 그렇게 며칠을 넘긴 어느 날, 현관에 올라서다 말고 한 마디를 툭 던진다. "뭣이 이렇게 하나씩 늘어가는 거여? 허허, 이 사람 또 구파발에 갔다 왔구먼!"

해마다 이렇게 나의 봄날은 간다. (1996)

우리 집 나무들

"엄마, 오늘 집에 갔었는데 우리 집이 헐렸어요."

울먹이는 딸아이의 목소리를 수화기에 남긴 채 전화를 끊었다. 딸아이가 '우리 집' 이라고 얘기하는 것은 어미가 있는 친정집도 아니고 제가 살림하고 있는 저희 집도 아니다. 그 애가 사춘기를 보냈고 장성하여 어미 품을 떠날 때까지 살았던 서교동 단독주택을 말한다.

너른 집 건사하기 힘겨워 아파트로 이사했지만 식구들은 아직도 그 집에 정을 두고 있다. 값비싼 정원수가 있는 저택이어서가 아니라 오랫동안 함께 있었던 해묵은 나무들과 철 따라 피는 꽃들을 두고 떠남을 아쉬워하는 마음이리라.

다행스럽기는 그동안은 그 집을 산 주인이 예전 그대로인 채 레스토랑으로 꾸며 오늘 날까지 있었던 것이다. 아이들은 자주 그곳을 찾아가 이전에 제가 있던 방에서 눈에 익은 나무들을 바라보며 음식을 먹고 돌아오곤 하는 터다. 식구들이 함께 갈 때면 둘째가 있던 방에 앉는다. 나무들의 가지뻗음, 둥글게 가지 펼친 라일락과 담장 아래 팡파짐한 회양목까지. 창에 가득한 느낌으로 한눈에 드는 창밖 풍경은 실제보다 훨씬 근사하기 때문이다.

현관 옆에 선 오엽송과 주목은 화원 앞을 지나다가 그 모양새가 수려해서 마음이 끌렸다. 값이 무거워 몇 번 걸음을 하다가 들고나는 식구들이 그 잎새처럼 푸르르기를 바라는 마음으로 옮겨왔다. 어느 나무가 더 좋고 덜 좋다고 할 수는 없어도, 노란 꽃으로 봄을 앞세우는 산수유와 하얀 목련 곁에 선 자두나무와 매실나무도 빼놓을 수 없다. 그 나무는 어느 이른 봄날 길을 지나다가, 바람 끝이 시리니 두 그루 남은 것을 떨이해 달라는 한 촌부의 부탁 때문이었다. 집으로 오는 동안 자두와 매실을 머리 속에 그리며 수없이 침을 삼켰다.

그 후 몇 번 봄이 갔건만 그 나무는 꽃맺이를 달지 못했다. 남편은 시원찮은 것이니 뽑아버리라고 내게 말할 때마다 그 촌부를 섭섭하게 여긴 적도 있었지만 어김없이 꽃 소식을 전하는 봄이면 되레 고맙기도 했다.

달 밝은 밤 이층 큰 딸아이의 방에서 보았던 배나무의 흰 꽃. 여름날 넌출져 뻗는 덩굴 사이에서 알알이 흰색 분이 묻어 있는 포도송이를 바구니에 담을 때도 실한 수확의 기쁨을 느껴오지 않았던가.

모과나무는 둘째의 방 창가에 서서 여름 해를 가려주었다. 봄날 쩍하고 모과나무의 껍질 벗는 소리는 한겨울을 힘들게 보낸 생명의 신비로움이었다. 못생겨서 놀라고 향이 좋아서 놀라고 맛이 없어서 놀란다지만, 우리 집에서는 유자차와 함께 한 겨울의 그윽함이었으며 이듬해까지 소반에 담겨 그 향기를 전했었다.

나무에 조랑조랑 열려 붉게 익어가던 대추알과 겨울이면 눈 쌓인 감나무가지에 드문드문 매달린 까치밥. 감들을 쪼아먹다가 감이 떨어져버리면 제풀에 놀라 후루룩 날아가 버리던 새들도 나무로 해서 만날 수 있는 친구들이었다.

그 집이 헐린다는 것을 알았더라면 크리스마스트리 장식을 하며 겨울을 맞던 거실에 앉아 가버린 날들을 얘기하며 그 집에서의 마지막 저녁을 나눌 수도 있었을 터이다. 그리고 네 아이들 중 · 고등학교 다니던 한참 때, 도시락 여섯 · 일곱 개씩 준비하느라 새벽을 열었던 주

방을 둘러보고, 코흘리개 아이들이 꿈을 키웠던 방들도 기웃거린 후 마당에 서 있는 나무들 한 그루마다 작별 인사를 할 수도 있었을 것을…. 더 아쉬운 것은 작은 은행나무 한 그루다. 고향집에 있는 은행나무가 씨를 퍼트려 자란 또 하나의 은행나무다. 그 첫 열매를 땅에 묻어 움튼 삼대 째인 그 손자나무가 맘에 걸린다.

뜨락에서 우리 삶의 모습을 지켜보고 있었던 나무들. 나무들이 우리에게 베풀었던 풍성함과 아름다움 그리고 다정했던 일들만이 가슴에 가득 찬다.

이제 그 나무들의 지난날 모습을 누가 기억하여 줄까. 어쩌다 아이들의 사진 속에서 만난다 해도 추억 속에만 존재하는 나무가 아닌가. 설령 다른 곳에 옮겨 심었다 해도 내가 변하듯 나무도 모양새가 달라질 것이니, 그 창가 그 마당의 제 자리가 아닐 테니 어찌 알아볼 수 있을까. 나무들이 서 있던 빈자리엔 황량한 바람만이 빠져나갈 것이다.

아이들은 다시 그 나무들이 서있던 뜨락을 꿈꿀 수 있을까. 우루루 몰려다니며 장난치던 웃음소리가 우리 집 나무들마다에 깊이 새겨져 있을 것이다. 오랜 세월 녀석들이 마주 서서 키를 맞추던 나무들. 이제는 다 큰 어른이 된 아이들이 키를 대보지는 못하겠지만 영원히 가슴에서 지워지지 않을 우리 집 나무들일 것이다. (1999)

복동이 나무

그 아이를 위해서 뭔가를 해주고 싶다. 생각 끝에 나무 몇 그루를 심기로 했다. 딸아이는 결혼하던 해에 겪은 교통사고로 해서, 제 동생이 두 아이를 낳을 때까지도 아무런 기색을 안 보였다. 늘 웃는 낯으로 제 조카들을 안고 어르는 모습을 볼 때면, 안쓰러웠다.

안타까운 마음으로 딸을 바라보며 보내다 네 번째 추석을 맞는 날이었다. 딸아이는 제가 좋아하는 음식을 한 숟갈 뜨다가 수저를 놓는다. 혹시 태기가 있는 것 아닐까 싶었지만, 늘 말이 없는 아이니 부질없는 말을 할 수도 없어 둘째 딸에게 넌지시 운을 뗐다.

이런저런 생각에 뜬눈으로 지샌 다음 날. 제 언니와 함께 병원에 다녀 온 둘째는 엄마 말씀이 맞더라는 전화를 했다. 목이 메어 수화기를 놓았다. 하늘이 참 드높았다.

어느 날 사위는 이런 말을 했다.

"태중에 아이가 벌써 효자노릇을 해요. 이 사람 요즘에는 된밥도 잘 먹거든요."

얼마 만에 들어보는 소린가. 맹물 같은 밈마저도 소화를 못해 매번 수액을 맞던 일이 어제 같은데. 여윈 볼에 살이 오르고 쳐졌던 어깨가 올라가더니 모기소리만 하던 음성에도 힘이 실린다. 생기 도는 딸아이의 밝은 모습은 어느 꽃보다도 고왔다.

5월 13일. 아침 햇살로 다가온 갓난아기. 감사, 또 감사. 병실에 누워 있는 딸아이를 보니, 그 옛날 내가 그 애를 낳았을 때 우리 막둥이, 애기가 애기를 낳았네 하시던 어머니 목소리가 귓전을 울린다.

아기가 집으로 오던 날부터 식구들은 약속이나 한 듯 복동이라 불렀다. 제 어미 건강을 돌이켰으니 그보다 더 큰 복덩이가 어디 있을까. 순산인데다 다리가 무척 길다는 담당의사의 칭찬도 들었다. 40여 일 집에 있는 동안 아기를 엎드려 눕혔다. 침대머리에서 지켜보는 것도 잊지 않았다. 측은해 하는 애아범 돌아올 시간이면 옆으로 뉘었다. 아기는 신통하게도 잘 따랐다.

수수팥떡을 나누며 이레가 일곱 번이 지나고, 백일이 가까워져도, 복동이는 출생신고도 안 된 채, 세련되고 근사한 이름만을 기다리고 있고 딸과 사위는 날마다 책을 뒤적이며 멋진 이름을 짓겠다고 벼르고만 있을 뿐이다.

교회에서, 새 아기 첫나들이를 위해 목사님 기도 순서가 있던 날이다. 아기들 다섯 명이 나왔는데 유일하게 우리 복동이만 이름이

없었다.

"윤정식 신원선 부부의 아기입니다." 라고 불리었다.

윤씨 가문의 병炳자인 항렬을 따라 병준炳俊이라는 이름을 부여받은 것은 백일이 되던 날. 그날 출생신고와 함께 벌과금도 냈다.

하루가 다르게 커 가는 복동이. 아홉 달부터 한 뼘씩 발을 떼더니, 한 발짝이 일곱 걸음이 되고, 이제는 집이 좁다고 휘젓는다. 어떤 보물을 내게 주어 이렇게 기쁘랴.

나는 복동이를 위해 나무 두 그루를 고향집인 공주에 심었다. 초여름에 흰 꽃을 피우는 이팝나무이다. 옛 어른들은 그 꽃을 보며 흰밥이 소복이 쌓인 밥그릇 같다하여 이밥나무라 부르기도 했단다. 그 꽃처럼 풍성하기를 소망하는 마음이다. 수형이 둥글어서 우아한데다가 여름에 눈꽃을 보는 듯하니 그 얼마나 귀한가. 활짝 피었을 때의 그 은은한 향기, 눈이라도 내리듯 한꺼번에 떨어지는 꽃잎들. 바람이 불어와 흔들어도 보채지 않고,

주위와 조화를 이루며 잎새 무성해서 지나는 이들에게 그늘을 펼 수 있다면 무엇을 더 바라랴. 복동이를 위해 심은 나무가 그렇듯 운치 있게 성장할 생각을 하면 가슴이 부풀었다.

주변에 400살이나 된 큰 나무도 있으니 우리 복동이의 아이들, 그렇게 자자손손 아름드리 그늘 아래서 제 나무를 바라보며 여름과 가을을, 그리고 겨울을 지낼 수 있으면 하는 바람이다.

이제 새로 심은 복동이 나무. 그 어린 나무에도 새 잎이 돋을 것이다.

햇볕에 반짝이는 초록빛 잎새와 튼실한 줄기. 그 아이는 작은 가슴

을 두근거리며 많은 것들을 묻기도 하겠지. 이 나무는 누가 심었느냐고. 언제 어떻게 심었느냐고 할 것이다.

새싹이 돋는 신비로움을, 개화의 풍성함을, 낙엽 지는 가을을 서글퍼 하기도 할 것이며, 가지에 쌓인 눈을 바라보고 한 해가 가고 있음을, 그래서 조금씩 철이 나고 살아가는 이치를 알게 되련만.

복동이는 나무와 함께 자랄 것이고 그 나무도 나이를 먹을 것이다. 복동이의 아이들, 그렇게 자자손손 아름드리 그늘 아래서 여름과 가을을 그리고 겨울을 지낼 수 있으면 하는 바람이다.

언젠가 내가 춤다리 산자락에 안주하여 그 애들이 오고갈 때를 설령 알 수 없을지도 모른다. 그 애들은 잠든 나를 찾아와 할머니와의 추억과, 같이 불렀던 노래며, 그 잎새에 떨어지는 빗줄기랑 새들의 지저귐까지 더듬어서 떠올리리다. 복동이 나무를 심으면서 그곳에 꿈과 사랑을 함께 심은 할머니의 이야기를. (2000)

전나무 크리스마스

크리스마스트리를 뒤로하고, 그 앞에 애들 넷이 앉아있는 사진이 거실 벽에 걸려있다. 색동옷을 입은 머리가 긴 딸들 중 하나는 여덟 살이고 여섯 살이었다. 장난기 가득한 세 살된 막내녀석과 다섯 살인 셋째 녀석 얼굴엔 웃음이 미어진다. 사내아이들은 바지저고리에 대님까지 맸지만, 풀어진 조끼 단추와 드러난 속옷은 방금 전까지 온 집안을 쓸고다닌 표시일 텐데, 또 금방이라도 내달을 기세다.

이러한 애들 사진을 그곳에 걸어두는 연유는, 이제 다 커버린 자식들의 지금을 견주어 보면서, 그 옛날 집 안팎에서 뛰놀던 어릴 적 일들을 수시로 떠올리고 싶어서다. 그리고 크리스마스 트리인 전나무에 대한 살뜰한 기억 때문이기도 하다.

전주에서 살고 있을 때였으니 퍽 오래 전이다. 완산칠봉이 내 집 정원처럼 보이는 집에서 처음 맞는 성탄절이었다. 새로 지은 집에 대한 남다른 기대감으로, 너른 거실에 어울릴 크리스마스 트리를 마련하고 싶었다. 갑작스레 닥친 추위로 전나무를 구해올 마땅한 데가 없었다. 그렇다고 살던 집에 두고 온 전나무를 파 오겠다고 법석을 떨 형편도 못되어 애만 끓이고 있었다.

굳이 전나무라야 하는 이유는 수관樹冠이 의젓할 뿐만 아니라 색스런 장식과 흰 솜 눈송이를 조화시키는데 그 늘푸른 가지 이상 가는 것이 없기 때문이다. 늦어도 2주전에는 트리 장식을 끝마쳤던 지난해를 떠올리며 성탄절 아침을 맞았다. 소담스런 눈이 내리건만 그다지 반갑지도 않았다. 저녁 무렵이 되어서야 나무를 구했으니 곧 가져갈 것이라는 남편의 전화를 받았다.

그때만 해도 트리용품이라고 이름지어 시판되는 것이 따로 없었다. 아이들과 나는 은박지와 색종이를 접어 만든 장식들을 꺼내놓고, 나무 오기만을 초조히 기다렸다.

천장에 닿을 듯 훤칠한 전나무는 승용차에 실을 수가 없었던지 트럭에 실려왔다. 아이들이 둘러서서 꽃과 인형, 종 같은 것들을 가지마다 매달았다. 전나무 맨 꼭대기에 있어야 될 마지막 큰 별을, 애들 넷이 저마다 달겠다고 아우성인 때, 남편이 들어와 트리에 매달린 불을 켰다. 빨갛고 파란 색색의 불빛이 거실 가득 넘쳤다.

싼타 할아버지를 만나겠다고 졸린 눈을 비비던 애들은 늦은 밤에야 잠이 들었다. 신비한 싼타 할아버지의 비밀은 유치원 갈 때까지만 지켜졌지만, 새벽부터 선물꾸러미를 찾느라고 크리스마스트리 밑으로 뛰어가는 것은 다 커서도 여전했다.

설이 가까워지면 전나무에 얹힌 장식물을 치우고, 햇살이 밝게 비치는 날 마당으로 내어놓는다. 대문 곁에 옮겨 심을 때만해도 오는 겨울에는 더 예쁘게 꾸미리라 맘먹었을 뿐, 그 나무를 두고 살던 곳을 뜨게 될 줄은 예상조차 못했다.

이듬해 4월 남편의 직장을 따라 우리는 서울로 이사를 왔다. 헤어짐의 아픔이 어찌 사람 사이에서만 있을까. 정이 함빡 들었던 그 집과 뜰 안 나무들에 대한 애착은 주위의 빼어난 조망과 더불어 내내 아쉬움으로 남았다.

지난 봄 전주에 갔던 참에 완산동 그 집에 들렀다. 차고가 있던 옆의 느티나무는 우람하게 자랐고, 25년 전에 내다 심었던 전나무는 가지가 약간 설피어졌을 뿐이고, 그때 함께 심었던 호랑가시나무랑 다른 나무들도 잘 자라고 있었다.

나무를 한참이나 바라보고 있으니 그곳에서 살던 시절이 아련히 꿈만 같다. 아이들이 트리 없는 크리스마스를 보내게 될까 염려되어 성탄절인 그날 부안扶安까지 가서 손수 언 땅을 파고 전 나무를 옮겨왔노라고 나중에야 남편은 이야기해 주었다.

어쩌면 그 나무는 너무 오랜만이어서 하마 우리를 잊었을지도 모르지만, 전나무를 못 구해 가슴 조리던 우리 가족에게 그리 큰 기쁨을 안겨주었다.

서울에 살면서도 봄에 꽃밭으로 옮기는 과정에서 더러는 시들기도 했다. 그러나 전나무 생목生木임에는 예나 지금이나 변함이 없다.

성탄절은 친정어머니께서도 즐겨 챙기셨다. 전나무에는 '우리 집 나무' 로써 어머니의 유영遺影과 내 동화가 소롯이 무늬져 있고, 아이들의 유년기도 곱게 채색되어 있다. 그 나무 아래서 아이들과 함께 성탄절 캐럴을 연주했고, 교회 청년들은 밤 새워 그들의 미래를 이야기했으며, 음악을 하는 젊은이들은 작은 연주회로써 아름다운 선율과 그들의 동경을 영글렸다.

올해도 어느새 11월이 다 가고 있으니 전나무를 들여놓고 꾸밀 준비를 해야 되겠다. 시집 간 두 딸도 제각기 트리를 준비할 테니, 올해는 어느 집 크리스마스 트리가 가장 멋있는지 겨루어 보자고 해야겠다. 옛날에 매달던 둥그런 공이며 작은 종, 서투른 글씨로 쓴 카드, 그리고 털실로 뜬 커다란 양말 두 짝은 이제 낡았지만, 아이들의 사랑스런 마음이 담겼기에 올해도 트리에 걸어 두어야지.

해가 갈수록 장식물드 많아졌다. 밴쿠버의 흰 비둘기, 디즈니랜드에서 모은 빨간 지팡이와 싼타 할아버지, 암스테르담 아침 시장에서 찾아 낸 말구유간의 아기 예수와 동방박사, 뮌헨에서 챙긴 노래하는 천사 등. 우리 집의 많은 이야기들이 가지마다 주렁주렁 매달릴 것이다. 그리하여 우리의 지난날 모습들이, 벽에 걸린 저 사진 속 그림처럼 영원한 그리움으로 기억될 것이다.

이번 성탄절에는 뜀박질까지 하는 손주 서영이가 올 것이다. 말을 제법 잘 하는 그 아이는 반짝이는 불빛을 가리키며 "함머니, 이거 뭐예요?" 라고 묻겠지. 그러면 나는 서영이를 무릎에 앉히고, 그 옛날 우리 애들이 서영이만 하던 때를 떠올리며, 그때 했던 전나무 얘기를 들려주련다.

“옛날 북 유럽의 한 숲 속에서 나무꾼인 아버지와 딸이 살았단다. 마음 착한 소녀는 숲을 사랑해서 숲의 요정들과 숲에서 놀았다는구나. 숲으로 나갈 수 없을 만큼 추운 겨울이 오면, 요정들을 위해 문밖에 있는 전나무에 촛불을 켜 매달아 두었지. 어느 크리스마스 저녁, 나무하러 숲에 들어간 소녀의 아버지는 그만 길을 잃고 말았다는구나. 불빛을 찾아 헤매다가 지쳐 쓰러지려는 순간, 작은 불빛을 보고 찾아 온 것이 소녀가 전나무에 밝혀둔 자기 집 촛불이었대. 그때부터 크리스마스 저녁에는 전나무에 불을 켜고 반짝이는 장식을 달게 되었단다.”

이야기를 듣던 서영이가 졸린 눈을 하면 꼬옥 안고서 재워주어야겠다. (1998)

서교동집 감나무

지금 살고 있는 아파트로 이사 오기 전 오랫동안 서교동西僑洞 단독 주택에서 살림을 했었다.

그 집 뜰에는 숙년초, 당년초, 늘 푸른 나무와 수령이 오래된 유실수들이 울안을 차지했다. 어느 떨기, 어느 나무가 어떻다 할 수는 없어도, 해묵은 감나무에 초점이 모인다. 흔히 있는 마당 나무이면서 둥그스름한 수형과 넉넉한 가지뻗음은 무엇이든 감싸줄 것 같은 그런 푸근한 생김새였다. 곧게 올라간 굵은 줄기가 여러 가장이를 달았는데, 그중 한 쪽이 울 밖으로 넘어가서 옆집 마당으로 뻗었다.

감꽃이 지고 꽃맺이가 한참 부풀어가고 있는데, 생각지도 않게 옆집으로 뻗은 가지에 흰블나방이 끓으면서 잎들이 마르기 시작하는 것이 아닌가. 화원 노인이 와서 약제를 뿌려주었지만 그 진행을 막지는 못했다. 풋감도 뚝뚝 떨어졌다. 이상한 것은 반쪽 가지만 금을 그은 듯이 병을 앓는 것이었다. 우리 집 뜰 안으로 드리운 가지는 말짱했고, 열매도 실하게 익고 있었다. 하루가 다르게 수세를 잃어가는 반쪽 가지를 바라보면서 예전에 나무 손질을 하며 들려주던 아버지 말씀이 생각났다. 감나무가 좋은 이유는 우선 잎이 커서 그늘이 짙고, 오래 살며, 벌레가 안 끓고, 새가 둥지를 안 틀고, 단풍이 곱고, 열매가 푸짐해서다. 그런데 잎벌레와 병 때문에 저렇게 반신이 죽어가고 있으니, 안타깝기만 했다.

생각나는 게 있다. 그동안은 자기 집 뜰로 넘어온 가지만큼의 수확은 저희 차지라면서 오히려 좋아하던 나이 지긋한 아주머니가 살았었다. 자기네 안방을 위해 트여있는 한 폭의 그림이니 열매를 따지 말아달라는 아쉬움을 전해 듣기도 했었다. 감나무를 진심으로 사랑하는 마음인 것이 기쁘기도 했다. 훗날 젊은이가 그 집에 새로 이사를 왔다. 젊은이는 넌출거리는 감나무가 싫다고 했다. 혹여 열매를 줄줄이 매단 저 가지를 자르자고 하면 어쩌나. 저토록 고운 단풍을 저주하면 어쩌나 하는 나의 걱정 불안을 알아챈 것일까. 감나무 제가 먼저 앓고 있으니…. 그렇게 그해 가을이 갔다.

뜨락에 내려설 때나 대문을 여닫을 때마다 눈 안에 드는 감나무 실루엣. 저기 또 하나의 내 식구가 병으로 신음하고 있다. 내년 봄에는 저 밋밋한 가지에 새순 트거라 기원하며 올려다본다. 눈 쌓인 겨울 잎을 다 떨구고 앙상히 드러난 감나무 둥치를 어루만지면서도, 그 소망은 버리지 않았다. 우리 가족에게 열매도 주었고, 지나는 사람들로부

터 찬사도 듬뿍 받았던 나무. 주렁주렁 매달린 감은 지나는 이웃과 나누는 아름다움이었고 가을의 풍성함이었다.

장대 끝에 철사로 굵은 고를 만들어 감꼭지를 걸어 따던 일. 망태기를 매달아 물러진 감이 땅에 떨어지지 않도록 했으며, 실에 꿰어 목에 걸던 감 꽃 목걸이의 추억까지 감나무 한 그루는 참으로 우리에게 많은 것을 선사했다. 두어 접씩 얻어지는 수확을 이웃에 나누다보면 금세 바닥이 났지만 그 풍요로움은 우리를 넉넉하게 해 주었다. 미처 따지 못하고 매달린 채로 있는 모습 또한 영락없이 성탄절 날 불 밝힌 크리스마스트리 같았다.

새 봄이 다시 왔다. 터서 갈라진 잿빛 수피. 우리 집 쪽으로는 파릇파릇 순이 돋았다. 꽃도 피우고 열매도 달았다. 하지만 옆집으로 넘어간 반쪽은 여름이 다 가도록 겨울잠에서 깨어나지 못하고 있다. 나뭇가지 어느 마디쯤에는 분명 봄을 맞는 생명의 기운이 살아 있으련만. 그 싹은 어찌해서 밝은 세계로 발돋음 하지 못할까. 함성을 울리듯 소리치며 새움을 틔울 그날을 기다린다. 어서 회복되어 여느 해처럼 맞이할 가을을 기대한다. 잘 익은 감을 이웃에 두루 나누겠으며, 까치밥도 더 많이 남길 것이고, 지나는 이가 문을 두드리면 아낌없이 감 가지를 들려 보낼 것이라고 마음을 다잡는다.

감나무도 나의 간절한 기원과 소망을 알고 있었을까. 긴 장마가 지나고 더위가 한창인데 너무도 깊은 잠이다 싶던 그 가지들에서 이파리가 트고 있잖은가. 놀라움이었다. 늦은 걸음이 오히려 꾸준해서 한여름에 들어서는 안쪽 가지들과 별 다름없게 푸르러갔다. 온 식구들이 반겼고 그 환영을 감나무 가장이들도 느끼는가 싶었다.

그 변모를 바라보면서 생각한다. 나무를 돌보는 일도 아이를 키우는 마음가짐과 다를 바 없음을. 감나무가 어쩌다 그렇게 됐는지는 알 수 없지만 자기에 대한 관심과 사랑을 알아차리는 것이 어찌 사람뿐이랴.

아파트로 이사 온 지금도 아침저녁으로 베란다에서 올망졸망 자라는 화초들에게 인사를 건넨다. 나의 진심어린 애정과 따뜻한 말 한마디에 화초들이 싱싱한 잎을 키우고 탐스러운 꽃으로 자라고 피어나 화답해 준다는 것을 서교동집 감나무가 가르쳐준 것이다. (1999)

꽃주일

나는, 5월이 오면 곧잘 어린 날의 '꽃주일'을 생각한다. '어린이 주일'이라는 이름으로 바뀌면서 유년시절의 꽃주일을 잊어버리고 있었지만, 봄빛의 살가움이 온 누리를 가득 채우면 그 시절의 노래가 아련히 떠오른다.

오늘은 꽃주일 우리들의 날이란다
이 하늘 이 땅에 꽃이 가득 찼구나 (중략)

내게 있어 꽃주일은 고운 옷을 입고 주일학교에 가는 그림으로 간직되었다. 새싹이 움트고 새소리가 너른 마당을 채우면 어머니는 진달래 빛깔이나 개나리 색으로 물을 들인 옷감으로 새 옷을 지으셨다.

입던 옷이라도 어머니 손길이 닿으면 어떤 날은 옥색으로, 또 어떤 날은 갈맷빛으로 물든 새 옷이 되기도 했다. “우리 막둥이 오늘은 꽃주일이니 이쁘게 입어야지” 하시며 치마저고리를 곱게 입혀주셨다.

새삼스럽게 그 때의 그림을 끄집어내 들여다봄은 어린애들의 웃음소리가 집안에 가득해서다. 이방 저 방 옮겨 다니며 온 집안을 화사하게 밝히는 움직이는 꽃들이다. 세상에서 가장 아름다운 말, ‘외할머니’ 라는 이름을 내게 선물한 두 송이의 꽃들. 대체 무엇에 견줄 수가 있으랴.

딸아이는 제 아기의 이름을 예쁘게 짓고 싶어서 한학에 조예가 깊은 불문학자 정봉구 교수님께 부탁드렸다. ‘아침정원’ 뜻의 이름을 원했지만 마침 시댁 조카의 이름이어서, ‘아침 서曙’ ‘비추다 영暎’ 이라는 시적詩的인 이름으로 부르게되었다.

싱그러운 햇살로 아침을 깨우는 서영이. 목화솜처럼 희디흰 살결을 가진 아기는 자고새면 하루가 다르게 예뻐졌다. 딸아이는 시도 때도 없이 ‘우리 예삐’ ‘우리 예삐’ 라며 제 딸을 불러댔다. 12월에 세상에 나오는 바람에 보름 만에 두 살이 되었다. 우리말로 ‘애먼나이’ 를 먹은 셈이다. 순하기만 한 아기는 늘 잠을 자고 있어서 옆 사람을 궁금하게 했다.

그 예삐가 돌 무렵 말을 배운 첫 마디가 ‘꽃’ 이었다. 외갓집에 와서 꽃을 바라볼 때마다 '꽃' 이라고 일러주었더니, 꽃 그림이 눈에 보여도 화분에 꽃이 피어나도 '끄-끄' 라며 용케도 잊지 않았다.

꽃이 달린 모자를 쓰고, 긴 머리에 꽃핀을 꽂고, 알록달록 꽃무늬 옷을 입고 자라더니 돌이 지나 남동생을 봤다. 이름은 태형이지만, 건강하게 크라는 뜻으로 태명이 '서돌' 이어선지 그냥 서돌이라고 부르고 있다. 손자가 여섯인 사돈댁에서 사내아이가 처음이라고 떠받침을 받던 서돌이. 몇 마디 말을 익히더니 요즘에는 전화를 자주 한다. 서돌아, 부르면 네- 하는 대답을 시작으로 참새는? 고양이는? 개구리 강아지 염소는……? 라고 물을 때마다 -짹짹 -야옹야옹 -개굴개굴, 동물의 소리로 대화를 나눈다. 동물소리 대화법은 제 외할아버지와의 말놀이다. 제 어미 클 때도 그렇게 말을 익혔다. 그 목소리가 듣고 싶어서 하루에도 몇 차례씩 수화기를 든다. 예삐도 곧잘 말을 하게 되면서부터는 바쁘다는 핑계를 댄다. 서돌이는 아직은 덜 바쁜지 할미에게 먼저 전화를 건다.

서돌이가 네 살이 되어 어린이 집을 가던 어느 날이다. 현관문을 나서다 말고, "엄마 어린이 집 앞에 호랑이와 사자가 있어요," 하더란다. 그림책을 볼 때나 TV를 시청할 때마다 동물들이 나오면 무서워 숨었다는데 그날 아침에는 크게 겁먹은 얼굴이 아니었다. 그래서 "문 앞에 있는 것들을 다 쫓아버려, 그러고 들어가." 라고 딸아이는 매정하게 잘라버렸다. 유치원에 가다가 그 말을 들은 예삐는 "서돌아, 누나가 지켜줄게 어서 가자"며 제 동생 손을 잡고 집을 나서더란다.

그런 사이인데도 걸핏하면 둘이서 토닥토닥 다툰다. 그럴 때마다

방에 들어가서 화해를 하고 나와야만 제 어미에게 안길 수 있다. 집이 떠나가라 울음을 쏟다가도 제 어미가 "화해해야지" 하고 소리치면 눈물을 뚝뚝 흘리면서도 두 말없이 손잡고 방으로 들어간다. 한 참 있으면 눈물범벅이 된 얼굴에 웃음을 띠고서, 두 팔로 동생을 꼭 끌어안고 나온다. "엄마, 용서하고 화해했어요." 하면서 어미 품에 안긴다. '용서와 화해' 라는 좋은 품성을 기르며 자라는 녀석들의 모습이 참으로 대견스럽다.

그런 예삐가 글자 몇 자를 깨쳤다. 유치원친구에게 곧잘 편지를 보내는데 글자를 못 깨친 그 친구는 흰 종이에 글자가 아닌 이상야릇한 부호만 가득 찍어서 보내온단다. 딸아이는 그때마다 예삐의 상황에 맞게 해석을 해서 읽어주지만 깜냥에 저처럼 글자 편지를 받고 싶어 늘 서운해 하고 아쉬워한단다. 어느 날은 예삐가 내게 전화를 했다. "할머니, 그 아이가 글자를 잘 써서 편지를 쓰도록 기도해 주세요." 라고.

밤을 새도 끝이 없을 우리 아이들의 이야기. 바라고 바라던 세 번째 꽃으로 태어날 복동이도 열흘만 있으면 만날 수 있으니 어찌 감사하지 않으랴. 아들들이 안고 올 여남은째 꽃송이들도 어서 만나고 싶다.

오는 꽃주일에는 옛날 우리어머니처럼 물빛 곱게 바느질은 못하니 알록달록 장남감이라도 안겨 줘야겠다. 그리고 꽃주일의 유래도 알려주리라. '어린이' 라는 우리말이 생기기 전 선교사들이 우리나라에 와서 교회를 세우고 주일학교를 운영하면서 그렇게 불리었다고 일러줘야지. 그 옛날 꽃주일에 불렀던 노래도 함께 부르고 싶다.

빨간 꽃도 피고 노란 꽃도 피고 우리는 꽃이다

향기로운 꽃이란다. 우리는 꽃이다. 하나님의 꽃이다

싱그러운 5월처럼 날마다 무럭무럭 자라는 예삐와 서돌이. 그리고 머지않아 만나게 될 복동이. 울긋불긋 꽃들이 어우러져 꽃주일이라 해도 좋을 것이고, 커 가는 아이들이 고와서 그렇게 불리어도 그 아니 좋을까. (2000)

달빛나무

나무 한 그루가 있었습니다. 오솔길을 따라 걸으면 호수가 있고, 호숫가 언덕에 그 나무가 서 있습니다. 사위에 어둠이 깃드니 나뭇가지에 걸린 노을이 수면에 잠깁니다. 한 무리 저녁 새들이 날아간 먼 하늘에는 하나 둘 별이 뜹니다.

달빛 푸르러 일렁이는 물살에 별이 쏟아지고 나무 그림자 넘실거립니다. 걷던 걸음 돌아서 풀숲에 자리한 그 사람이 노래를 부릅니다. 목소리가 따뜻하여 감미롭게 젖어들게 합니다.

저 나무 좋아 보이죠? 물에 잠긴 나무는 달빛이 배어 푸릅니다. 나무 사이로 얼굴을 내민 달은 물안개에 싸입니다. 그칠 듯 이어지는 노랫말이 반짝이는 별무리에 섞여 하늘 멀리 흩어집니다.

나무 그늘에서 그대와 나란히
달은 솟아 수면에 반짝이고
하늘에는 별들의 속삭임
마음에는 그림자 드리워라

저 나무를 우리 나무로 할까요? 부르던 노래 그치더니 다시 묻습니다. 달빛은 나무와 호수, 우리가 앉은 풀밭까지 가득 채웁니다.

달빛나무라고 부릅시다. 흔들리는 눈빛으로 나를 돌아봅니다. 가슴 두근거림을 눈치 챌까, 우러르는 마음 가슴 밖으로 샐까 살며시 접어 감춥니다. 들꽃 향기가 바람에 실려 옵니다. 수면에 드리운 달빛나무 그림자가 희미해졌을 때 우리는 돌아섰습니다. 서름하게 부르는 소리, 뒤돌아보고 싶은 마음 누르며 푸른 달빛 속을 허둥대며 걸었습니다. 가슴에 파장을 일으키던 그 밤은 추억의 갈피에 남았습니다.

다함없는 세월, 그때의 초여름 밤은 가고 또 갔습니다. 달빛나무 잎새도 더욱 무성해졌습니다. 달빛나무 잎새가 연둣빛으로 물들던 날 딸아이가 태어났습니다. 딸아이가 아장걸음을 걷던 어느 날 손을 잡고 그 길을 걸었습니다. 달빛나무 그늘에서 풀꽃을 뜯어 모았습니다. 달빛 고여 일렁이던 호수는 그대로였습니다. 그런데 달빛나무가 있던 언덕은 낮게 깎이어 신작로가 되었습니다. 넓어진 신작로에는 사람들도 많고 차도 많습니다. 달빛나무는 눈부신 햇살을 받아 너르게 가지를 뻗어 훨씬 우람해졌습니다. 새들이 이 가지 저 가지로 옮겨 다니며 지절댔습니다. 논갈이가 끝난 논배미에는 벼가 줄지었고, 논다랑이 옆의 작은 도랑에선 졸졸졸 물 흐르는 소리 즐겁습니다.

얼마 후 그곳을 떠나 서울로 이사를 했습니다. 그 뒤로 장성한 아이들이 하나 둘 내 곁을 떠났습니다. 어느 날 딸아이가 걸음마를 시작한 제 아이의 손을 잡고 집에 들렀습니다. 호숫가 나무 그늘에서 꽃반지 만들던 얘기를 떠올렸습니다. 문득 달빛나무가 보고 싶어졌습니다.

고향 전주에 내려갔습니다.

금암동 삼거리에서 덕진 호반까지 싸목싸목 걸었습니다. 달빛나무를 찾지 못했습니다. 햇살이 눈부시어 볼 수 없었나 싶어, 어둠이 내린 후 다시 찾았습니다. 정겨웠던 신작로는 너른 아스팔트길이 되어 차량들이 쏜살같이 달립니다. 흙먼지 일지 않게 하던, 발밑에서 수런거리던 들풀들이 하나도 보이지 않습니다. 논둑길, 논배미였던 곳에 지금은 우뚝우뚝 솟은 집들만 빼곡합니다.

그날의 초여름 연둣빛 나뭇잎은 거듭 푸를 수 있으련만, 그 밤에 떠 있던 수 없는 별들도 세세연년 반짝이며 새벽을 맞았으련만, 나 거닐었던 길 다시 걸어도 가슴에 머물고 있는 옛길이 아닙니다. 길 위에 묻어 있는 그때의 이야기들도 흔적없이 묘연하기만 합니다. 그의 노랫소리 귓가에 들려와도 내 가슴에 닿지 않고, 내가 그 노래를 불러도 그가 들을 수 없는 것은, 우리가 달빛나무에서 돌아서 버린 까닭입니다.

달빛나무를 처음 만나던 날, 나무 한 그루가 나누어준 속삭임, 새들의 노래 달빛 그림자 그 모두가 초록빛 꿈으로 간직되었습니다. (1997)

아이들의 동화

깊숙이 넣어 둔 크리스마스장식품을 꺼내었다. 먼지를 털고 해진 곳은 테이프로 붙이고 고리가 빠진 것은 바늘로 꿰맸다. 트리 장식은 끝마쳤을 때도 흐뭇하지만 하나하나 들여다보며 손질을 할 때도 마음이 설렌다.

산타할아버지의 선물을 기다리며 현관에 매달던 알록달록 털실로 짠 산타양말과 빨간 헝겊에 축 성탄이라고 수놓아 방문마다 걸어놓던 장식은 지금도 여전하다. 해가 바뀌면서 새로운 장식품이 더해졌지만 루돌프사슴, 울긋불긋한 공 모양의 소품들은 비록 낡고 해졌어도 그냥 쓰고 있다. 아이들의 유년시절이 있고 내가 살아 온 세월이 배어있어서다.

여행길에서 사 온 장식품들도 몇 가지 있다. 도자기에 채색이 된 아기예수와 동방박사 인형들, 산타의 고향에서 아들이 들고 온 목각으로 된 종과 새들. 사위가 선물해준 토기로 빚은 말구유간의 풍경은 손톱만큼 작아도 앙증스럽기만 하다.

금방이라도 포르르 날아갈 것 같은 하얀 깃털의 비둘기 두 마리는 흰빛이 누리끼리해졌어도 아직은 트리 우듬지에서 반짝이는 별과 함께 날갯짓을 하고 있다.

이렇게 지난날과 오늘이 어우러진 트리 앞에 서면 저마다의 추억들을 나눈다. 해마다 되풀이 되는 이야기인데도 그 때마다 환한 웃음이 밴다. 이런 모습들을 바라보고 있으면 나도 모르게 시간과 공간을 초월해서 그때 그 시간 속에 머무르게 된다.

손주들도 자라면서 한 몫을 하고 있다. 아장아장 발을 뗄 때부터 제 손이 닿는 낮은 가지에 토끼와 새, 오리 그리고 리본을 장식한 솔방울, 그림을 그린 스티로폼 공, 둥근 고리가 있으면 무엇이든지 가져와서 매단다. 그래서 맨 아래쪽 애기 손이 닿을 수 있는 가지는 애기 몫으로 비워둔다.

"할머니 제가 만든 비둘기 여기 있어요. 유치원 다닐 때요."

"커다란 은박지 공은 어디 있지? 찾았다 여기 ."

"어, 이건 서영이 누나가 뜨개질 해 온 거예요."

떠들썩한 형들의 소리를 듣고 세 살 된 희준이가 거든다.

"함머이 어기 희준이꺼"

손을 내밀어 강아지 모양을 찾아낸다. 눈에 잘 띄는 앞 쪽 가지마다 서로들 제가 만든 예쁜 모양들을 매달겠다고 실랑이를 벌인다. 그러다가는 같은 가지에 겹겹이 주렁주렁 걸어놓는다. 올해는 무엇을 들고 올지 기다려진다. 더 기다려지는 일은 밴쿠버에서 공부하고 있는 서영이가 성탄절에 오면서 제 동생들 선물로 트리 장식을 준비했단다. 벌써부터 온 집안이 시끌벅적해지는 것 같다.

초등학교에 다니는 열 한 살인 태형이와 열 살인 병준이는 산타크로스가 있음을 아직도 믿고 있는 아이들이다. 병준이는 이런 말을 한다.

"할머니 저는요, 이번 크리스마스 저녁에는 절대 잠을 안 잘꺼예요. 카메라도 준비해 놨어요. 산타할아버지가 오시면 의자에 앉아 사진을 찍고 가시라고 아주 꽉 붙들꺼예요. 그래서 친구들에게도 자랑하겠어요. 할머니도 보여드릴께요."

태형이는 제 어미에게,

"엄마, 아이들이 그러는데 산타 할아버지가 없다고 해요 정말예요? 저한테는 해마다 제가 원하는 선물을 꼭 가져다주셨잖아요."

"올 크리스마스에도 산타할아버지는 오시지, 엄마는 믿어. 태형이가 얼마나 착한데."

그때 태형이보다 한 살 위인 서영이가 슬그머니 제 어미 귀에 대고,

"엄마, 제가요 태형이한테는 산타가 엄마 아빠라는 얘기 안했어요"

그 옛날 우리 아이들이 내게 했던 말을 지금 다시 듣는 것 같다.

나는 아이들 커 날 때부터 성탄절이면 늘 도넛을 만들었다. 모두들 제 살림 나간 뒤에는 한동안 뜸했다. 그러다가 손주들이 자라면서는

마땅한 이야기꺼리가 있어야겠기에 어느 해부턴가 도넛 만들기를 다시 하고 있다. 밀가루 반죽을 하고 갖가지 모양을 찍어내면 기름에 튀기는 일은 내가 맡는다. 튀겨 낸 도넛에 설탕을 묻히는 일은 손주들 몫이다.

"얘들아, 내가 만든 오리 여기 있어."

"맞아, 그 건 누나꺼야. 나는 별을 찍었는데 어디 있지?"

"이거 봐, 내가 만든 꽃은 공처럼 부풀었어."

하며 한입 한 입 오물거리던 모습이 눈에 선하다.

내일쯤 식구들이 오면 트리 우듬지의 큰 별에 불을 켜야겠다. 서로 별을 달겠다고 떼를 쓰던 우리 아이들은 모두 어른이 되었다. 지금은 손주들이 꼭대기에 별을 달겠다고 한다. 할아버지는 올 해도 제일 어린 희준이에게 별을 내주며 어서 하라고 무등을 태워야 할 것 같다.

산타 할아버지가 오신다고 잠을 설치던 아이들의 동화도 언젠가는 끝날 것이다. 그러면서 어른이 되어 가겠지. 가슴 가득 그리움을 안고서. (2009)

은행나무 삼대

1

토담 모퉁이에 서 있는 나무를 본 것은 시댁에 처음 갔을 때였다. 덩실하게 큰 몸집에 마른 잎 몇 개 매달려 있고 빈 가지에 머물다 가는 눈 바람이 삽삽했다.

그 나무가 은행나무였음을 알게 된 것은 한참 지나서였다. 큰 아이 기저귀를 널기 위해 볕 바른 앞마당에 긴 빨랫줄을 매던 날이었다. 바지랑대를 치켜올리자 맑디맑은 하늘에 기저귀는 하얗게 펄럭이고, 은행나무 가지는 연둣빛으로 내 시야 가득 안겼다.

울 밖으로 선 감나무 외에는 다른 큰키나무가 없어서인지, 그 나무의 가지런한 수형이 들고날 때마다 표적처럼 보였다.

어느 날이었다. 시댁에 내려간 나는 마당 한쪽이 휑하게 비어있는데 놀랐다. 마을 안 은행나무 몇 그루를 현충사 마당으로 옮겨 심는다는데, 담 모퉁이에 선 나무도 그 중 하나라고 아버님이 말씀하셨다. 마치 품안의 자식이 큰 영예라도 얻게된 것처럼 자랑스럽게 여기셨다. 현충사 건립이 끝나면, 은행나무 주인들을 누구보다도 먼저 초대할 것이라는 약조도 받았노라면서 그 나무가 자리했던 담장 쪽을 망연히 바라보시었다.

"동네에서 기중 잘생긴 나무여. 이담에 그곳엘 가도 쉽게 눈에 뜨일 거구먼."

그 후, 마을 경로당에서 현충사로 봄나들이를 떠났다. 바로 그날 아버님께서는 전화도 없이 서울엘 오셨다. 손주들이 보고싶어 갑자기 차를 바꿔탔노라고 했지만, 여느처럼 생기 있는 음성이 아니었다.

"아무리 둘러보고 찾았어도 헛일였구먼. 마당이 하도 넓고 은행나무가 많아서 종일 걸었어도 알 수가 없는기여."

'우리 나무는 다른 어떤 나무보다도 잘생겨서 한눈에 알 수 있었는데' 라는, 아버님의 섭섭한 마음이 다음날도, 훨씬 많은 날이 지나서도 그날의 허탈함을 끌어안게 하였으리라.

낯설고 어설프기만 한 새색시였을 때 처음 만난 나무. 그래서 그 나무에 다가갔지만, 그렇게 짧은 순간에 소리 없이 스치고 가버렸다.

2

부릉거리던 포클레인 소리도 잠잠해졌다. 집이 헐리고 나니 넓어진 마당에는 황량함이 감돌았다. 부모님께서 세상을 뜨시고, 살림을 하지 않게 되면서 집은 점점 낡아졌다. 자주 들러 돌봤지만 어찌 사람 사는 훈기만 할까. 생각 끝에 어른들께서 생전에 거쳐하셨던 안채는 남겨두고, 나중에 지은 사랑채를 헐기로 했다.

삶의 때묻은 것들이 묻히고 나니 뜰에 서 있는 은행나무가 더 없이 의젓했다. 무너지는 흙담을 뒤로하고 삽짝 옆으로 서 있는 은행나무는 오래 전 현충사 마당으로 옮겨갔던 그 나무가 남긴 또 하나의 분신이다.

마주봐야 열매를 맺는다는 은행나무는 근처 어디서 꽃가루를 보내왔는지 아무도 몰래 첫 열매를 흙 속에 떨어뜨렸던가 보았다. 땅 속 깊은 곳에 뿌리내린 생명은 떨기나무 사이에서 키돋움을 하더니, 곁가지를 길게 뻗어 마당을 차지했다. 그리고 많은 겨울을 보냈다. 실팍하게 뻗어 올라간 가장이가 고개를 젖혀야 볼 수 있을 만큼 끝이 안 보인다.

건장한 청년의 모습으로 자란 나무를 바라보고 있으니 젊을 적 내 모습이 떠오른다. 줄기마다 묻어 있을 지난 세월, 그 언저리에 남아 있을 내 발자국까지. 지금 삽짝 옆에 서 있는 저 나무에 유독 정을 쏟는 것은, 내가 힘들고 어려웠을 때에 곁에서 지켜보고 있었기 때문일 것이다.

어설프기만 했던 그 무렵, 부엌일을 하다 보면 항아리에 담긴 물이 늘 바닥이 났다. 사립 밖 우물에서 할 줄도 모르는 두레박질을 할 때면, 뒤집히지 않는 두레박이 우물물에 둥둥 떠 있어 애가 탄 일은 으레 늦은 밤에 생기는 불상사였다.

캄캄한 우물 안, 어릴 때 들었던 달걀귀신이나 도깨비가 나와 덥석 달려들 것 같아 서둘러 마당으로 들어서면, 삽짝 옆에서 사람의 기척이 날 것 같아 뒷걸음을 친다. 등에서 식은땀이 흐른 뒤에야 시커먼 그림자가 아닌 은행나무임을 알게되지만, 다시 부엌에서 일을 하다 보면 호롱불은 펄럭이고, 그때마다 그 그림자가 자꾸 걸어오는 것만 같다. 아궁지에 삭정이 지피는 것이며 우물에서 물 긷는 것까지 어느 한 가지 해 본 일 없는 내게는 매사가 어설프기만 했다. 행여 남편의 발자국 소리라도 들을 수 있다면 든든할까 싶어 몇 번씩이나 안방을 넘겨다보지만, 그냥 자정을 넘긴다.

그렇게 멀찍이만 서 있던 은행나무가 어느 날 소리 없이 내 삶에 들어온다. 시아버님 생신인 음력 이월, 둘째딸을 안고 내려간 날이었다. 눈바람이 몰아치는 산골바람은 맵기만 했다. 늦은 밤 부엌일을 끝내고 안방으로 들어서니 아기가 오줌 싼다는 이유로 불도 들이지 않는 옆방으로 내침을 당했다. 냉골에 누일 수 없어 무릎에 놓인 아기가 보챌수록 따뜻한 아랫목이 아쉽기만 했던 그 때, 벽에 기대고 앉아있는 내게 보여진 것은 흐릿한 나무 그림자가 창호지 문에 어른거리고 있었다. 캄캄한 밤에 머리를 쯔뼛거리게 했던 그런 나무가 아니었다. 바람 지날 적마다 지워지고 다시 그려지는 갖가지 무늬는, 파도 위의 그림으로 비쳤으며, 서서히 내 가슴에도 똑같은 무늬를 그리게 했다. 작은 가지의 떨림마저도 자상한 이야기로 들렸다. 그렇게 내 마음을 당긴 나무가 끝내는 내 곁으로 왔다. 그리고 내 마음 밭에 잔뿌리를 내렸다.

어린 나무여서 아직 그 그늘 아래 쉴 수는 없었어도 그날 이후, 이른 아침 마당으로 내려서거나 싸리문을 드나들 때면, 거기 토담 모퉁이에서 내게 눈길을 준다. 젖은 눈가에 빈 가지가 두 개 세 개 겹쳐 보이기라도 하면, 외며느리의 아픔이려니 물기 어린 눈을 훔친다. 아궁이에 불을 지펴도 옷깃을 파고들던 바람. 두텁게 껴입어도 떨리기만 했던 추위. 어찌 봄 햇살 어리지 않았을까 마는 겨울날 시린 바람밖에는 기억되지 않는다.

현재에서 과거를 바라보니 참 머나먼 길을 걸어왔다. 이제 부모님은 가시고 초로의 아들과 한 질이나 커 버린 손자들이 그 마당에 서 있다. 내게 드리운 기나긴 그림자도 희미해지는 걸 보니, 세월은 아픔들을 묻어버리는가 보다. 은행나무 선 마당은 이제 무엇을 남기고 무엇을 보냈을꺼나. 그 후로도 은행나무는 잎을 피웠다. 머잖아 열매도 익을 것이다.

3

“아빠, 제일 잘 여문 것으로 네 알만 심어요.”

“맞아요. 큰누나, 작은누나, 형 그리고 내 것까지.”

그래, 그렇게 하자고 대답한 남편은 아이들과 머리를 맞대고 앉아, 거실 바닥에 좍 펼쳐 놓은 은행 알을 고르고 있다. 고향 집 마당에 선 은행나무의 첫 열매라면서 가을걷이와 함께 시부모님께서 보내주신 터다.

겨울을 보내고 이듬해 햇살 바른 날. 엄숙한 의식이라도 치르는 것처럼 아이들은 한 줄로 늘어섰고, 남편은 은행 알 넷을 해 바른 앞마당 눈에 잘 띄는 곳에 심었다. 움이 텄다. 바람도 햇살도 처음인 양 새로움과 싱싱함으로 싹을 틔웠다.

딸아이는 이렇게 말했다.

"우리, 이 은행나무를 손자나무라고 불러요."

그렇게 심겨진 손자나무는 높직한 벽돌담에 에워싸여 새 가지를 펼치더니 이제는 울 밖을 넘본다. 노란 잎을 떨구어 계절이 가고 있음을 보여주기도 했다.

어느 날 아파트로 이사를 하게 되었다. 애들이 저 손자나무를 뽑아 가야만 된다고 입을 모았다. 누구보다도 엄마가 더 섭섭할 것이라고도 성화였다. 나는 며칠을 두고 숙고해 보았다. 외부에서 마음껏 자라던 나뭇가지를 오므라뜨려 분재를 만들 수가 없었다. 또한 위로 크는 줄기를 부러뜨려 아파트 베란다 천장에 맞추는 일은 더욱 못할 짓이었다. 화분이 아무리 크다한들 그 넓은 땅만 하겠으며, 날마다 정성스레 물을 준다해도 어찌 하늘에서 내리는 빗줄기만 할까. 못내 아깝고 아쉬운 정을 남겨둔 채 이사를 하고 말았다.

어쩌다 서교동에 살던 집 앞을 지날 때면 나무가 있는 담을 올려다본다. 어서어서 열매를 달고 사람들이 쉬어갈 수 있는 시원한 그늘을 넓히거라 기도 하는 마음이다.

현충사 마당으로 간 아버지나무와 고향 뜰에서 크고 있는 아들나무, 그 나무가 씨를 내린 또 하나의 손자나무가 지금 내가 살고 있는 울안은 아니어도 그렇게 삼대를 이어가고 있다. (1998)

꿈의 나이테

지난가을 전주에 가서 전동 성당에 들렀다. 성당 뜰에 서 있을 은행나무 그늘에 앉아 있고 싶어서 벼르고 온 걸음이었다. 얼마 만인지는 딱히 모른다. 두근거리는 가슴으로 짐짓 울안을 한 바퀴 돌고는 그 나무 아래에 가 섰다. 한 아름은 더 커진 듯한 둥치로 우뚝 서 있었다.

우리 집이 성당 옆 골목에 있었다. 여학교 다니던 어느 날, 담 높이를 질러 푸른 가지를 드리운 나무에 이끌려 그 마당에 들어섰다. 학교 오가는 길이기도 했지만 수녀님들의 모습에 끌렸던 것인지도 모른다.

그 뒤로는 뜰 안과 그 나무 밑을 자주 찾았다. 까닭 없이 우울하고 풀리지 않는 목마름이 외로움으로 젖을 때면 그 나무 그늘에 앉았다. 『좁은 문』의 아리사이며 항상 곁 하는 옆자리 단짝. 또 명화집名畵集에서 본 숲과 햇볕과 하늘의 구름과 새, 이런 것들이 한데 어울려 내 동경의 캔버스를 가득 채우곤 했다.

차츰 성당 뜨락을 거니는 수녀님의 모습을 좇게 되었다. 검고 길게 흐르는 옷자락. 한 올의 머리카락도 흘러내리지 않게 감춘 하얀 베일. 걸음을 옮길 때마다 들리는 묵주의 잘그락거리는 소리. 그분들의 기도 송을 들으면서는, 촛불 밝힌 제단 앞에 무릎 꿇고 있는 모습을 그려보기도 했다.

그 무렵 마당에서 가끔씩 마주치는 수녀님 한 분이 있었다. 처음에는 눈인사로 비켜 가는 정도였는데 자주 들르면서는 잠깐 동안 나무 그늘에서 이야기를 나누기도 했다. 겨울로 접어들 무렵이었던가. 학교에서 좀 늦게 돌아오다가 또 거길 들렀다. 마침 그 수녀님이 마리아상 앞에서 묵주를 돌리고 있었다. 수녀님 얼굴에는 노을이 물들었고, 뾰족 하게 솟은 종루鐘樓에서는 저녁 미사를 알리는 종소리가 울리고 있었다. 수녀님이 나를 기다리고나 있었던 듯이 나에게 책 한 권을 주셨다. 그 시집은 오랜 동안 내 책꽂이에 꽂혀 있었다. 그날 이후 다시 만날 수 없었던 그 수녀님은 전동 성당을 떠났다고 들었다.

그해 겨울은 눈이 참 많이 내렸다. 그리고 나의 여고 시절도 막바지에 접어들고 있었다. 새순이 다시 돋고, 여느 해처럼 잎이 무성해질 무렵이었다. 해가 뉘엿뉘엿 할 즈음 찾아간 은행나무는 깃을 찾는 새소리로 수런댔다. 그 소리는 그 무렵에 처음 들은 전원교향곡의 새 소리 같았고, 가지에 스치는 바람은 시냇물 흐르는 소리 흡사했다. 소리와 상상 속에서 어우러지는 자연 교향곡을 들으면서 환한 빛 무리로 너울지던 나무 밑동에 기대앉아 하늘을 우러렀었다.

회상에서 깨어나 나무 둘레를 한 바퀴 돌아본다. 실팍한 둥치를 쓸어안으니, 지난날이 슬몃 가슴으로 스민다. 내가 이 그늘에서 꿈을 꾸던 때의 나무 나이테는 어디쯤에 갈무리되어 있을까. 툽툽한 수피를 만지며 위를 쳐다보니, 높이 솟은 키가 그간의 연륜이 짧지 않았음을 말해 준다.

결혼해서 한동안은 나무 곁에 있지 못했다. 남편의 직장을 따라 옮겨 다녀야했다. 계절이 바뀔 때마다 문득문득 은행나무 생각이 났다. 잎은 지고 이듬해 새 잎을 틔우며 푸르름을 자랑했으련만, 그 나무는 늘 멀리에 있었다. 자연유산이 거듭되어 고생을 하다가 어렵게 큰딸아이를 낳았고, 그 무렵에는 다시 전주에서 살게 되었다. 잇따라 아이들 셋이 태어났고, 큰딸아이와 작은딸아이는 성당에 있는 성심유치원에 다니게 되었다. 어쩐지 거기에는 그 아이들 몫의 축복이 있으리라는 생각이 들었다.

네 아이들이 가지런히 자랄 무렵, 우리가족은 서울로 옮아와 오늘에 이른다. 지금 이렇게 흘러간 세월을 건너 뛰어 나무에 기대서니 만감이 교차한다. 나무는 끄덕없이 마당 한가운데 서 있다. 서 있는 자리는 옛날 그대로건만, 주위환경은 그때와는 사뭇 달라 시끌벅적해서 그런지 나무는 들고 나는 많은 사람들에게로 가까이 다가서 있는 듯하다.

천천히 뜰을 거닐어 본다. 수없이 많은 사람들이 나무 곁을 지나면서 남겼을 발자국을 더듬어 본다. 어딘가에 남아 있을 법한 내 소녀시

절의 꿈 자취도 더듬어 본다. 비바람 찬 서리를 견디며 300여 년을 내리 그렇게 서 있는 나무는 우리들의 웃음과 아픔을, 가슴 속의 설움까지 굽어보았으리라.

한동안 지난날을 저미고 있는데, 갑자기 큰길 쪽에서 스포츠카 한 대가 와서 멎는다. 사진촬영을 위한 신랑 신부다. 뜰이 갑자기 밝아진다. 신랑은 신부 앞에 모이를 뿌린다. 어디선가 한 떼의 비둘기가 날아와 앉는다. 그 옛날 높은 벽돌담은 속세와의 단절을 느끼게 하더니, 오늘 마당에 선 흰드레스의 신부를 태운 스포츠카는 왁자지껄 떠드는 아이들 소리와 함께 분방하게 움직이는 사람들로 해서 일상을 느끼게 한다.

비둘기가 날아간 뒷자리에 아이를 태운 승용차가 와서 멎는다. 문을 열고 나온 아이에게, "은행나무 아래서 기다려야 돼. 아빠가 데리러 올께." 하고 젊은 아빠는 아이가 유치원 교실로 들어가는 것을 확인하고 차를 돌린다. 교실에서는 간간이 아이들의 노래 소리가 흘러나온다.

그 옛날 남편도 방금 가 버린 그 사람처럼, 아침이면 딸아이를 승용차에 태워 내려주고 유치원이 끝날 시간이면 다시 데려가는 젊은 아빠였다. 나무 밑에서 기다리라는 단속도 똑같이 했으리라. 딸아이가 뛰어다니던 어릴 때의 모습이 눈에 어린다.

나무를 찾아오던 그 시절 여학생이었을 때는 가슴 가득 꿈만을 가꾸었지만, 지금 내게는 사랑하는 가족이 있다. 세월이 무겁고 마디었을 때, 저들이 있어 웃음 지을 수 있었으니 얼마나 감사한가. 이제는 딸아이 둘이 내 곁을 떠나 제 살림을 살고 있고, 어여쁜 손녀 서영이를 무릎에 앉힐 수 있으니 커다란 축복이요 은혜인 것을.

새해가 오면 한 아기를 또 안을 수 있으니 가까운 날에 아이들의 손을 잡은 딸들과 이 나무 그늘을 다시 찾으리라. 그리하여 하늘의 구름을 볼 것이며 마당에 내려앉는 비둘기에게 모이도 뿌려줄 것이다. 나무에 연두 빛 새순이 돋아나는 봄이면 좋을 것이고, 무성한 잎이 드리운 그늘에서 여름날을 보내도 좋을 것이다. 아니면 오늘처럼 노랗게 물든 은행잎이 바람에 날리어도 좋을 것이다. 될 수만 있다면 서녘 하늘이 곱게 물드는 때 종루에서 울려 퍼지는 저녁 종소리를 다시 들을 수 있다면 더 큰 감격이리라. (1998)